本著作为湖北省社科基金一般项目（后期资助项目）“数字金融支持湖北经济高质量发展路径研究”(2021178) 的最终成果。

数字金融驱动经济高质量发展路径研究

张雪芳 / 著

吉林大学出版社
·长　春·

图书在版编目（CIP）数据

数字金融驱动经济高质量发展路径研究 / 张雪芳著 . --
长春 : 吉林大学出版社 , 2021.12

ISBN 978-7-5692-9426-2

Ⅰ . ①数… Ⅱ . ①张… Ⅲ . ①数字技术—影响—经济发展—研究—中国②金融—影响—经济发展—研究—中国
Ⅳ . ① F124

中国版本图书馆 CIP 数据核字（2021）第 225077 号

书　　名　数字金融驱动经济高质量发展路径研究
　　　　　SHUZI JINRONG QUDONG JINGJI GAOZHILIANG FAZHAN LUJING YANJIU

作　　者　张雪芳　著
策划编辑　樊俊恒
责任编辑　杨　平
责任校对　代景丽
装帧设计　马静静
出版发行　吉林大学出版社
社　　址　长春市人民大街 4059 号
邮政编码　130021
发行电话　0431-89580028/29/21
网　　址　http://www.jlup.com.cn
电子邮箱　jdcbs@jlu.edu.cn
印　　刷　三河市德贤弘印务有限公司
开　　本　710mm × 1000mm　1/16
印　　张　13.25
字　　数　242 千字
版　　次　2022 年 6 月　第 1 版
印　　次　2022 年 6 月　第 1 次
书　　号　ISBN 978-7-5692-9426-2
定　　价　78.00 元

前　言

当前，中国特色社会主义已进入新时代，而新时代对经济发展提出了更高的要求。党的十九大上，习近平总书记提出“我国经济已由高速增长阶段转向高质量发展阶段”的重要科学论断。经济高质量发展是不断满足人民日益增长的美好生活需要的内在要求，是贯彻新发展理念的必然选择。新时代背景下，如何实现经济高质量发展是时下研究的一个热点。金融是经济发展的核心动力，金融创新与发展是经济高质量发展的重要方式。数字金融是金融创新的产物，是一种新的金融服务模式。以移动互联、云计算、大数据等为技术特征的数字金融突破了传统金融服务于经济发展的瓶颈，其以金融覆盖面广、金融服务成本低、服务多元化和个性化以及满足长尾人群的金融需求等优势得到了各个行业的认可。总体来说，数字金融契合了经济高质量发展对金融创新的要求，成为驱动经济高质量发展的重要力量，因此，从数字金融着手，为我国经济高质量发展探索科学可靠的路径是非常重要且必要的。基于此，作者在查阅大量相关著作文献的基础上，精心撰写了本书。

本书共有八章。第一章主要分析了数字金融发展的基本理论及发展情况，令我们对数字金融形成基本的认识，进而了解数字金融驱动经济高质量发展的背景和条件。第二章探讨了金融科技与数字金融的关系，并提出金融科技、金融技术对数字金融发展的重要作用，便于我们理解数字金融驱动经济高质量发展的科技优势。第三章重点阐述了经济高质量发展的基本理论，分析经济高质量发展的实践与困境，以帮助我们正确理解经济高质量发展的内涵，认清经济高质量发展面临的挑战，从而为探索发展路径提供现实依据。第四章着重对数字金融与经济高质量发展的关系进行解析，重点提出金融、数字金融驱动经济高质量发展的作用、机制及多层路径，为后面关于路径的具体研究作了铺垫。第五章至第八章是本书的重点，分别从宏观、中观和微观三个层面探索数字金融助力经济高质量发展的多元手段和全面路径，以期最大限度地发挥数字金融的驱动力，全方位推进经济高质量发展。

总体而言，本书具有以下几个特征。

第一，系统性。本书主要围绕数字金融驱动经济高质量发展的路径展开研究。首先，分析数字金融的理论与发展、金融科技与数字金融的关系以及经济高质量发展的理论与现状；其次，对数字金融对经济高质量发展的驱动作用及机制进行阐释；最后，分别从宏观、中观和微观三个层面对数字金融驱动经济高质量发展的多元路径展开深入探究。总体来看，本书结构完整、内容丰富、层次清晰、研究深入，具有较强的系统性。

第二，时代性。中国特色社会主义进入新时代，经济由高速增长向高质量发展转变是新时代经济发展的基本特征。我国必须站在新时代的历史坐标上去开启全面建设社会主义现代化国家的新征程，以满足人民日益增长的高质量生活需求，而这离不开经济持续健康发展，因此，我们要不断致力于对经济可持续发展的研究。本书从新时代背景出发探索数字金融驱动经济高质量发展的科学路径，具有重要的时代意义和现实意义。

第三，创新性。金融发展是实现经济高质量发展的重要途径，国内外学者对金融与经济高质量发展的关系进行了大量的研究，但重点从数字金融着手探索经济高质量发展路径的学者和研究成果都比较少，本书在已有学者研究的基础上，补充了关于数字金融驱动经济高质量发展研究的空白，并在驱动发展路径方面进行了创新，对路径的探讨并不是泛泛而谈，而是从宏观、中观和微观不同层面着手，探索科学的、多元的、可操作的、有效的路径，从而便于从不同层面开展工作，全方位推进我国经济高质量发展。

总之，本书的重点是对数字金融驱动经济高质量发展的路径展开研究，在分析数字金融、金融科技、经济高质量发展的基础理论、发展情况及相互关系的基础上，从宏观、中观和微观三个层面深入探讨了数字金融驱动经济高质量发展的科学路径。希望本书能够为拓展我国经济高质量发展的路径、更好更快地推动经济高质量发展做出贡献。

本书在撰写过程中参考并借鉴了很多专家、学者的研究成果,在此表示诚挚的感谢。由于作者水平有限,书中难免有不妥与疏漏之处,敬请广大读者批判指正。

目　录

第一章　数字金融发展概述

数字金融，就其发展来看，无论是在国内还是国外，都是一个新生事物。从其产生到现在，也仅仅经历了短短20多年的发展。但数字金融的意义重大，它给整个人类社会所带来的变革可谓是翻天覆地的。数字金融是在传统金融的基础上，通过现代科技手段，如互联网、信息技术等，所形成的一种全新的金融服务形态。本章就数字金融的基本知识和发展进行了阐述，通过其发展历程来帮助我们更好地了解和理解现代化数字金融服务。

第一节　数字金融的概念及其特征

一、数字金融的概念

随着互联网技术在中国的快速发展，对于数字金融的内涵，中国学术界有了更加清晰的认识和结论。

对于数字金融的定义，我国很多学者进行了深入研究，下面就其中较具代表性的定义进行介绍。

谢平等对数字金融首次给出了定义，其认为数字金融的定义应涵盖支付、信息处理及资源配置三个方面。①

吴晓求也对数字金融的定义提出了自己的见解，他主要是从互联网的功能性和金融的角度来进行阐释，通过互联网与金融二者在功能上的互

① 谢平，邹传伟，刘海二．互联网金融模式研究[J].新金融评论，2012(01)：3-52.

补性，得出中国互联网的发展与金融相结合是一种必然的趋势的结论。①

黄益平认为，数字金融从广义上来说，就是互联网科技企业联合传统金融机构在数字技术的支持下所开展的投资、融资以及其他金融服务的模式。②他还认为互联网金融、金融科技和数字金融三者是存在差异的，互联网金融的重点是互联网科技企业所涉及的所有的金融服务的现象；金融科技的重点是体现出在金融行业中金融技术所具有的应用特征；数字金融则是指金融机构和非金融机构通过借助于数字技术和高新技术所开展支付、融资、投资，以及其他创新金融的商业模式。

越来越多的学者意识到，不管是互联网金融还是科技金融都不足以概括金融数字化的发展现实，而数字金融的提法则逐渐得到学界和民间的认可。

如今，“互联网＋金融”的模式日益壮大，传统金融所形成的商业模式正在被数字金融不断地颠覆和替代。根据上述学者对数字金融和数字经济理论的研究，笔者认为，数字金融就是通过借助现代移动通信、互联网等数字技术，以现代数字信息作为载体，对传统金融产品、数字产品及其服务，数字信息技术和支付等进行高效配置，提升金融中介业务水平和市场生产力，创新商业模式等目的的所有的金融活动。

二、数字金融的特征

通过将数字金融和传统金融相互比对，便不难发现数字金融所具有的特征，下面主要从经济、技术、金融以及监管等方面来对其特征展开论述。

（一）经济特征

对于数字金融来说，主要从普惠性、市场化、长尾性和规模性四个方面去体现其经济特征。

1. 普惠性

该特征主要体现在通过借助于互联网技术，传统金融能够为其所未

① 吴晓求．互联网金融的逻辑[J]．中国金融，2014（03）：29-31．
② 黄益平．哪类 P2P 平台最容易出问题[N]．中国经济导报，2016-01-08(B02)．

能覆盖到的地区和用户提供相同的金融服务，从而使所有的人都能够在金融发展的过程中享受到相应的益处。

2. 市场化

通过借助于人工智能、区块链、大数据等现代化技术，数字金融能够使市场上长久存在的信息不对称性大大降低，从而提升信息的质量和流动效率。

3. 长尾性

对于传统金融来说，具有良好的信用、数额大的金融服务需求者是它们所期待的优质客户，对那些数额小，信用较差，甚至无信用的金融服务需求者往往会选择性忽视。而在数字金融背景下，金融机构通过数字化技术能够更好地为所有的金融服务需求者提供相应的服务，将他们均作为自己的目标客户。

4. 规模性

金融行业在互联网技术不断发展的背景下，遵循摩尔定律，能够形成规模经济。数字金融通过信息网络的载体，突破时间和空间的约束和限制，在既定的资源条件下，最大化地覆盖用户和地区，从而产生边际成本递减和规模经济的效应。

（二）技术特征

在数字金融强大生命力的支持下，其经过快速迭代，现已发展成为金融发展和创新的重要引擎。数字化和智能化是数字金融所表现出来的两个主要的技术特征。借助数字技术，数字金融可以将金融要素不断转化为数字要素，在人工智能、大数据等的支持下，形成金融生产力。

在万物都被数字化的金融中，在人工智能等互联网技术的支持下，智能终端和设备不断地将金融行为智能化。

（三）兼容特征

与传统金融相比，数字金融有着鲜明的兼容性特征，它能够很好地兼容其他产业。数字金融借助资金流和信息流等渠道重构传统金融与

产业之间的关系。例如，数字金融与供应链之间的融合形成了如今发展迅速的数字供应链金融

（四）监管特征

在金融不断数字化的过程中，数字安全和监管也是其中绕不开的问题。数字金融的发展速度远远快于过去任何一个时代的传统金融，其监管体系的数字化和科技也在不断地跟进，以适应现代数字金融的发展。在数字金融背景下，以往的监管体系和规则无法发挥有效的作用，尤其是传统监管面对资本市场上的数字金融行为，可能会出现失灵的情况。因此，科技监管成为数字金融的另一个显著的特征。

第二节　数字金融的发展模式

一、数字支付

在人类社会中，支付是人们相互之间完成交易的一个重要手段。在现代电子技术的快速发展下，以往早期的以实物或现金进行支付的方式逐渐转变为20世纪的电话、支票、银行卡等非现金支付。进入21世纪之后，随着数字化信息技术的飞速发展，支付方式又逐渐转变为互联网、移动支付，现已发展成为人类社会不可或缺的重要的支付方式。

现代支付方式具有很高的便利性，现有的移动及数字网络支付将支付时间大大缩减，支付成本也得以降低。例如，人们通过支付宝、微信等第三方支付平台能够非常方便地将自己闲置的资金进行理财投资，同时，如果满足相应的信誉要求，还可以进行小额贷款。从支付可得性角度来看，数字网络和移动支付可显著提高偏远地区金融服务的可得性，解决农村偏远地区的金融服务“最后一公里”问题。目前，中国的数字支付主要来自银行业和第三方机构的支付业务。

随着数字支付技术和服务的飞速发展，金融服务的触达能力以及覆盖范围均得到了极大的拓展，此外，还形成了一种金融生态圈。这种生态圈的核心就是互联网支付，包括征信、融资、借贷、理财、投资等，有效

地补充了传统金融服务所存在的局限。同时，数字支付的发展还存在一些不可忽视的问题，比如，央行暂停发放第三方机构支付牌照，导致支付牌照在市场上奇货可居；目前的数字支付平台中，未落实实名认证的账户比例较高，容易带来洗钱风险，还可能会成为信用卡恶意套现的工具。此外，数字支付使得货币的流通速度加快，信用货币的竞争性供给，大大增加了控制货币供给的难度。

根据《非银行支付机构网络支付业务管理办法》，对于那些具备条件的传统金融机构和互联网公司，应鼓励给予颁发支付牌照，制定技术标准，根据重要程度，对支付公司进行分级管理，针对一些支付公司还有资金池、信用错配、资金托管等功能，需要从业务方面实施穿透式监管，从而共同维护好数字支付市场，甚至是整个金融市场的有效发展秩序。

二、数字众筹

（一）众筹与数字众筹

所谓众筹，就是指大众筹资或者说群众筹资，它的特点主要表现为多样性、门槛低、注重创意、依靠大众力量等。数字众筹融资，指的是在数字科技的基础上，通过互联网渠道来向大众进行募集资金，以保证创业企业早期得以顺利发展的一种行为模式。

2011 年 7 月，我国成立了第一家数字众筹平台，之后相继出现了一系列众筹平台进行上线运营。

2014 年 12 月，《私募股权众筹融资管理办法（征求意见稿）》的出台，标志着我国数字众筹行业开始进入规范化监管。2015 年，在我国全民扶持创业、全民支持创新的社会环境下，通过互联网向大众群体募集创业早期所需资金的新兴普惠金融融资方式，成为助力“大众创业、万众创新”的最佳实践形式。

不同于风险投资、天使投资等融资模式，数字众筹融资模式的参与者除了要获得资金外，通常来说还需要获得外部资源在管理资源和技术创新方面所能够提供的帮助。而对于投资者来说，他们的目标也是多元化的，如有的是想通过与融资者互动，来享受参与创新的过程；有的是想从中获得经济回报，或者以比较低的价格获得产品；还有的仅仅是将其当作一种慈善行为。

如今,越来越多的互联网金融科技巨头参与到数字众筹领域之中,这也很好地说明数字众筹领域具有非常大的发展潜力。

(二)数字众筹模式的构成

就数字众筹模式来说,其构成主要包括下列三部分。

1. 发起人

发起人作为筹资人,其任务就是在众筹平台上创建项目。

2. 投资人

投资人,指的是根据自己在平台上的浏览情况,从中选择适合自己或者自己感兴趣的项目进行投资,其所获得的回报,既可以是资金回报,也可以是实物回报,如演唱会门票、会员卡、产品样品等。

3. 平台运营方

平台运营方,指的是数字众筹的网站,其任务就是对投资项目简介、实施结果、筹资情况等各方面信息进行审核和汇总,并从中收取一定的费用,以达到更好地维持平台的正常运营的目的。

数字众筹除了能够满足中小企业发展所面临的资金需求之外,其所支持的筹资意图也更加多样化,如灾难捐款、图书出版、艺术家粉丝支持和创业等。作为一种全新的金融融资手段,数字众筹改变了原有的传统融资模式,平民大众也可以参与投资。

(三)数字众筹的优势

数字众筹所具有的优势主要体现在以下三个方面。

1. 传播性

创业者通过将自己的项目在众筹平台分享后,自己的梦想便会被更多的人所看到,甚至全世界的人打开网站便能够看到自己的方案,这也成为信息分享的新节点。

2. 互动性

凡是对项目发起人所发布的项目感兴趣的，都可以与项目发起人进行沟通。

3. 高效性

通过数字科技，数字众筹平台上的任何一个项目都可以被成千上万的人浏览，投资人也可以从众多的项目中进行筛选。

三、数字保险

（一）数字保险的概念

数字保险是指保险公司或第三方保险机构以互联网或大数据技术为工具来支持保险销售的经营管理活动行为。数字保险在我国最早产生于 2000 年 8 月，平安保险和太平洋保险同时开通了自己的全国性网站，通过互联网技术，保险经济人和投保人能够非常方便地进行保单设计、投保、核保、交费，以及后续服务全过程都实现了数字化。

（二）数字技术驱动数字保险发展

数字保险能够进行私人定制，而且具有价格低、标准化、社交性等特点和优点。可以说，保险业借助数字技术这股东风获得了长足的普惠发展，这也是对传统保险所进行的具有历史意义的革命性创新。保险业在数字科技的带动下迎来了大好时机，这主要体现在以下几个方面。

（1）传统保险产品通常是在线下进行设计，并且其在向大众推广的过程中面临着较高的成本，如今通过互联网、大数据等技术手段，便能够很好地解决这些问题。

（2）传统线下保险产品正在向线上转移，为了迎合用户的不同需求，数字保险产品不断推陈出新。

（3）数字金融在营销推广方面所带来的巨大益处令保险业和第三方机构对其越来越重视，面对数字金融产品，用户的接受度也越来越高。

（三）数字保险的优势

数字保险为传统保险带来的是革命性的创新，是一场从市场到产品和渠道的全方位变革，保险已经不再局限于传统的产险、财险、寿险、健康险等范畴，与特定场景相结合的创新险种不断出现，保险产品的设计者和参与者从传统的保险公司拓展到下游公司，数字渠道的销售和反馈参与面广泛，这大大降低了渠道运营成本。

相比传统保险来说，数字保险所呈现出来的优势无疑是非常巨大的，这主要从以下几个方面体现出来。

（1）借助于互联网所带来的“长尾效应”，在消费市场中，保险险种也在不断地推陈出新。

（2）在大数据技术的支持下，保险设计者结合渠道反馈所设计的保险产品越来越精准化，销售渠道也更加场景化、碎片化、网络化。

（四）数字保险发展的问题

在数字保险越来越体现出场景化、高频化、碎片化趋势的同时，数字保险产品却面临着同质化倾向、产品和服务信息披露不充分、信息安全风险加大、线上和线下资源整合能力不足、售后服务不到位等问题。事实上，保险业也呈现出了非常显著的差异性，其原因主要表现为以下几个方面。

（1）传统保险企业在自己的官方网站进行直接销售，其销售成效需要检验。

（2）数字保险的场景关联式发展，与其所采用的具体销售策略之间存在着很多不确定性。

（3）专业的第三方数字保险机构所发挥出来的作用越来越明显。

（4）数字保险公司之间存在着竞争，主要体现为“巨头”与“新秀”的狂欢。

（五）数字保险的未来发展

对于数字保险的未来发展趋势，可以预测为以下几点。

（1）传统保险的销售渠道主要是依靠互联网企业电商网站，按着这种模式发展下去，其所面临的必然是传统保险实力越来越弱，而数字保险实力越来越强的局面。

（2）第三方数字保险机构所面临的未来发展前景是非常光明的，它可以借助自身的平台进行场景式关联销售。

总之，在数字化环境下，数字化和保险业将会继续融合，将场景作为销售渠道面向用户销售，这对拓展保险业长尾用户具有重要意义，可以说，保险业在数字技术的支持下获得了极大的发展，数字保险覆盖了更多低收入群体的保险保障需求，因此数字保险使金融实现了更高的目标和满足了更多人的需求。

四、数字基金

（一）数字基金概述

这些年来，新一代互联网信息技术，如大数据、云计算、社交网络等获得了非常快速的发展，金融业也在此过程中积极吸纳数字技术，在此背景下，数字基金便作为一种全新的金融业态出现在公众面前。数字基金的出现引起金融市场的高度关注。数字基金凭借便利性、流动性和高收益，在较短时间内迅速抢占了传统金融机构的市场，对金融发展产生了深远的影响。

在互联网的支持下，数字基金作为投资理财的新模式，其特点主要表现为人人都可以参与，操作简单便捷；成本低，效率高；供求匹配，信息对称。

（二）数字基金的发展

一般来说，传统银行在理财方面都会设置比较高的门槛，而数字金融“1元便可以理财”的方式将这种门槛打破，其人人都可以参与其中，时时都可进行理财的优势获得了老百姓的欢迎，在小微理财发展方面，余额宝发挥了里程碑作用。但对于数字基金的发展来说，还需要注意以下几点。

（1）在基金产品交易和风险方面，如何培育用户的思维习惯，是急需解决的问题之一。股票是基金产品所直接进行投资的标的物，就其本质来看，其具有较高的投机性，行情对它的影响非常大。一般来说，普通的数字基金理财用户在基金产品的识别和选购方面缺乏专业性，使得大多数基金用户很难从中获得长久的收益。

（2）数字基金的创新之处并非是“产品研发 + 互联网”渠道销售。目前的数字基金，更多的表现形式是金融业务的互联网化，也就是在阿里、京东、平安、腾讯这些大的平台上对原本以网银为主的基金产品进行代销，或者在一些垂直细分的，如天天基金网、好买基金、数米基金等代销牌照平台上销售，但从基金产品的销售方式和运作方式来看，其并没有发生改变。

（3）大数据所具有的优势并没有通过数字基金的某些噱头体现出来。金融行业有着非常多的不确定性和偶然性，即便大数据概念很受推崇，但是实际产品难以摆脱主流金融产品收益趋势的影响。

（4）数字基金的销售需要进行规范。《证券投资基金销售管理办法》中对于基金代销机构、基金宣传推介材料、基金销售费用、销售业务规范、基金的监督管理和法律责任等方面内容都做了明确规定。

因此，对于数字基金产品所存在的潜在风险，客户必须要进行充分的了解，在销售数字基金产品的过程中，要规范风险提示。此外，要促使数字基金得到更好发展，需要做好以下两点。

（1）“产品 + 平台”是核心，基金公司对应用场景应进行积极的拓展，通过官网、App 等平台或者同第三方互联网企业平台展开合作，来实现互联网化。就目前来说，最为常见的是金融企业与第三方企业强强联合的形式。

（2）进一步深入挖掘用户数据，加速数字基金产品个性化定制的发展。目前来看，越来越多的用户所需要的服务和产品更加个性化。产品设计人员应借助互联网大数据来分析用户的需求，并根据需求来进行有针对性的产品设计。

五、数字征信

（一）数字征信的概念与发展

在金融发展中，征信是其中最为基础的一环，它的发展程度直接决定了金融业的发展水平，以及金融体系的稳定运转。

数字征信是指信用机构通过互联网渠道对个体信用信息进行采集与加工，并依法向合规的信息查询人提供个体信用的历史记录。随着消费习惯的改变、金融用户的下沉、征信技术的不断完善，互联网企业、传统资本纷纷进军征信领域业务。建设发达的征信体系能够很好地促进社会信用意识的提高，并形成良好的约束激励机制，改善信息不对称性，为融资提供更多的便利，更好地促进信用消费。数字征信的快速发展，使得越来越多尚无信贷记录的群体建立起信用档案，以更好地为其提供金融服务。通过发达的数字征信体系，小额信贷公司等小微金融企业能够为更多的人提供相应的金融服务。

在计算机信息化时代，线上活动的频繁度越来越高，甚至超过线下活动。频繁的线上活动产生了大规模的用户数据。数字征信领域之所以能顺利地对海量数据进行采集，离不开对信息化技术的应用，如云计算、大数据、人工智能，以这些数据为依托去深入分析数据，准确判断征信对象的信誉度，以降低借贷风险。在数字征信手段出现后，获取征信对象相关数据的来源更加广泛，对征信对象信用的评估更加及时、准确，能够有效防范可能的欺诈风险，这是数字征信所具有的重要优势，这些特征有力弥补了传统征信的不足。

随着数字征信的不断发展，其所适用的场景越来越多，在征信行业和金融领域的多个场景都能看到对数字征信的应用，如获取客户数据、分析客户数据、开发金融产品、实施金融消费，等等。这充分反映了数字经济时代数字征信发展的重要成果。

（二）数字征信的特征

1. 数据来源广泛

数字征信行业获取征信对象的数据的渠道以互联网为主，互联网上存储了最广泛人群的海量数据。互联网数据不仅量大，而且内容丰富，类型多样，既有社交数据，如微博、微信等；也有浏览数据，如百度浏览、腾讯搜索等；此外还有大量交易数据，如电商交易、金融产品交易等，包括现代人经常点外卖、在线预订旅游套餐等，这些数据在互联网上都有记录。互联网数据还是腾讯、支付宝等平台征信数据的主要来源，而传统结构化数据成为收集数据的辅助渠道。来源广泛、内容丰富的数据是现代通信生活的重要痕迹。

2. 信用产品多元

信用评价产品、反欺诈产品是数字征信机构为征信对象提供的主要业务，对数据查验业务的提供也是部分征信机构开展的业务之一，这属于征信中间产品。此外，对商账管理、咨询管理、风险管理等业务予以提供的征信机构也有不少，这些属于征信企业创造的增值服务。不同的征信机构所提供的征信产品在综合度上具有一定的差异，有提供单一征信产品的征信机构，也有提供综合征信产品的征信机构。此外，不同征信机构所提供的征信产品在适用性上也有差异，有的征信产品适用于很多企业，有的征信产品只是针对个别企业的特殊需要而提供的专门化产品。

3. 应用场景丰富

如今，数字征信产品已经能够涉及个人金融及生活的各个方面。个人金融主要包括保险、个人微贷、消费信贷，所涉及的生活场景包括租房、租车、就业、旅行、交友、婚恋、酒店等。企业征信产品应用到金融机构借贷、投资、供应链金融、咨询、采购与招投标、市场准入和贸易等诸多方面。

（三）数字征信的未来趋势

数字征信的发展呈现出以下两大趋向。

1. 数字技术不断深化

互联网时代，互联网在人们的生活中无处不在，深入渗透在社会各个领域。在互联网信息技术高度普及的今天，网络活动参与者的数量已经汇聚成相当大的规模，而且参与者在网络活动中表现得越来越积极，随之而来的便是不断出现的网络欺诈现象。防范和惩治网络欺诈是网民的共同愿望，在反欺诈活动中，将生物识别、人工智能等新兴技术充分利用起来，能够提高行动的准确率、高效性，从而对欺诈行为造成严厉的打击。征信机构从互联网采集的征信数据是广泛而丰富的，而且这些数据具有实时性，运用实时数据能够提高征信服务的时效性。征信机构借助数字技术分析海量数据，可以将符合客户需求的信用产品提供给客户,满足其需求。

2. 共享机制亟待建立

数字技术应用能力突出、合作与共享意识强等条件,是数字金融时代对数字征信机构提出的基本要求,也是传统征信机构进行数字化转型的关键。在合作与共享意识的指导下,在征信行业建立共享机制,能够提高对该行业的监管效率。共享机制的建立能够实现数据分享和共享,加强不同征信机构之间的往来和互动,使征信行业的竞争在一个更开阔和开放的环境中展开,只有开放、共享、竞争,才能进一步推动数字征信行业的发展,进而对经济发展起到推动作用。

第三节 数字金融的发展现状及趋势

一、数字金融的发展现状

数字金融泛指传统金融机构与互联网公司利用数字技术实现融资、支付、投资和其他新型金融业务模式。

从出现时间来看,中国数字金融的起始点可以从 2004 年支付宝建立并上线账户体系算起。而金融界通常是将 2013 年余额宝开张作为中国数字金融发展的元年。在经历了短短十几年的发展之后,如今中国的数字金融已经发展成为引领全球的一面旗帜。第三方支付、网络贷款、数字保险以及数字货币等业务规模在国际上也是遥遥领先。国内新型金融机构通过不断提升其竞争力,对传统金融造成了非常大的冲击,并促使传统金融数字化进程进一步加快,最终使得整个金融机构的服务全面提升。

目前,对普惠金融的发展提供支持是数字金融所表现出来的最大优势。2006 年开始,中国政府针对普惠金融的发展采取了一系列措施,如成立小额信贷公司、在金融机构成立“普惠金融业务部”以及在农村进行“两权”抵押试点等。但就这些措施所取得的成效来看,大多事倍功半,缺乏可持续性。数字技术却为克服普惠金融的天然困难提供了一种可能的解决方案,一方面,互联网平台通过建立一些诸如淘宝或者微信这样的“场景”紧紧地把握住数千万甚至上亿的移动终端,另一方面,又通过对来自社交媒体和网购平台等的大数据进行分析，做信用评估。

数字金融在不知不觉中使得获客成本及风控成本大大降低，提高了普惠金融发展的可行性。正是基于这样的特点，G20 杭州峰会在东道国中国政府的主导下通过了“数字普惠金融的高级原则”，用以指导各国的实践。

北京大学数字普惠金融指数（2011—2020）相关数据显示（图1-1）：中国的数字普惠金融业务在 2011—2020 年间实现了跨越式发展，2011 年，各省数字普惠金融指数的中位值为 33.6，到 2015 年增长到 214.6，2020 年，其进一步增长到 334.8。2020 年省级数字普惠金融指数的中位值是 2011 年的 10 倍，指数值平均每年增长 29.1%，由上可以看出中国数字普惠金融的快速发展趋势。从增速来看，最近几年数字普惠金融指数增速有所放缓，一定程度上表明，随着数字金融市场的发展越来越成熟，该行业开始由高速增长阶段向常态增长过渡。2020 年，我国经济社会各方面均受到新冠疫情的严重冲击，全年经济增速较往年显著下降，但数字普惠金融指数相比 2019 年，仍然增长了 5.6%。[①] 而且，进一步的分析也显示，即便是疫情最严重的武汉市和湖北省，虽然曾经封城数十天，数字普惠金融指数仍然维持正的增长，显示了数字金融在疫情时代的独特优势和强大韧性。

实际上，中国发达的数字金融和数字经济，在中国抗击防疫，包括缓解疫情对经济的冲击中发挥了非常重要的作用（郭峰，2021）。例如，最早从 2020 年 2 月起，杭州市就在全国最早启用了“健康码”防控措施[②]。根据 Xiao（2020）的研究，健康码对中国做好防疫工作，推动经济活力的恢复等方面，发挥了非常重要的作用。具体而言，据相关研究估算，“健康码”背后的大数据技术为中国疫情期间 GDP 增长做出了 0.5 ~ 0.75 个百分点的贡献。2020 年 2 月，北京大学数字金融研究中心课题组也基于数字普惠金融指数的底层数据和支付宝“码商”数据，研究了数字金融对于缓解疫情冲击的贡献。疫情对线下微型商户造成了严重的短期冲击，但就全国总体而言，基于数字技术精准释放的信贷每增长 1%，疫

① 数据来源：北京大学数字普惠金融指数（2011—2020 年）[Z]. 北京大学数字金融研究中心，2021 年 4 月 .

② 浙江省市场监督管理局，《传染病防控人员健康码管理规范》，浙江省地方标准，DB33/T2242-2020，2020 年 2 月 29 日。

情的冲击幅度就下降 2.57%。[①] 为了对金融科技的该影响有更直观的感受，课题组比较了基于数字技术精准发放的信贷发展水平较好的代表性城市——杭州市与全国平均发展水平之间的发展差异，据此可以得到如下结论：如果一个地区基于数字技术精准发放的信贷发展水平可以从全国平均水平上升到杭州市的发展水平，则可以使得疫情冲击幅度下降约 51%，即疫情的冲击减弱约一半（王靖一等，2020）。

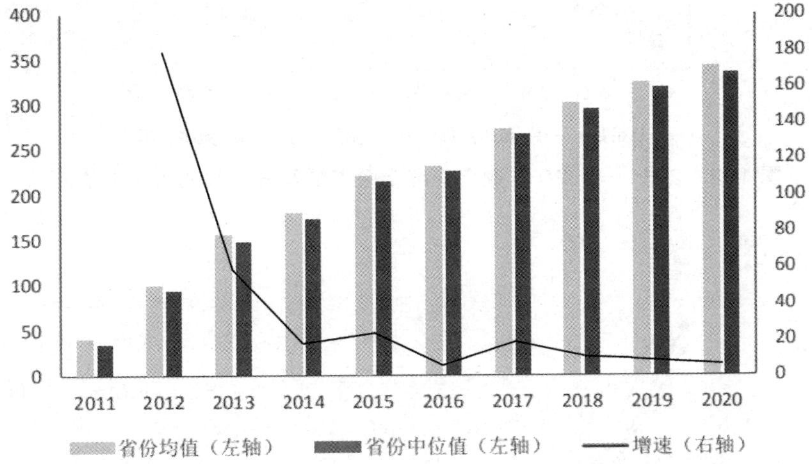

图 1-1　2011—2019 年省级数字普惠金融指数的均值、中位值和增速（%）[②]

从分指数来看，在 2016 年对 2011—2015 年的第一期指数的分析中，我们曾发现 2011—2015 年，数字普惠金融的数字化程度增长最快，数字普惠金融的覆盖广度次之，使用深度增长最慢。但在对 2016—2018 年第二期指数的分析中我们又发现，2016 年后的指数增长情况发生了一些变动，数字金融使用深度指数增长有超过数字金融覆盖广度指数的趋势。最新的数据也进一步确认了这一趋势：2020 年的数字金融使用深度指数较上年增长 7.3%，快于数字金融覆盖广度指数和数字技术支持程度指数 7.2% 和 -0.1% 的增速。2016—2020 年的 5 年间，有 4 年使用深度指数增速超过了覆盖广度指数，数字金融使用深度已经是数字普惠金融指数增长的重要驱动力（图 1-2、图 1-3）。

① 数据来源：北京大学数字普惠金融指数（2011—2020 年）[Z]. 北京大学数字金融研究中心，2021 年 4 月.

② 数据来源：北京大学数字普惠金融指数（2011—2020 年）[Z]. 北京大学数字金融研究中心，2021 年 4 月.

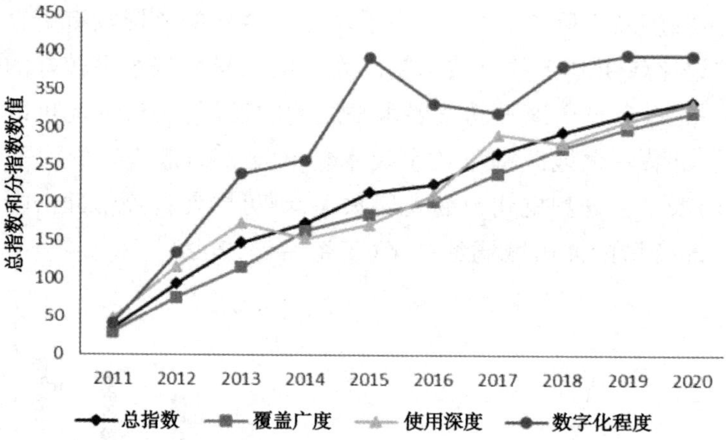

图 1-2　2011—2020 年数字普惠金融指数及分指数的省级中位值[①]

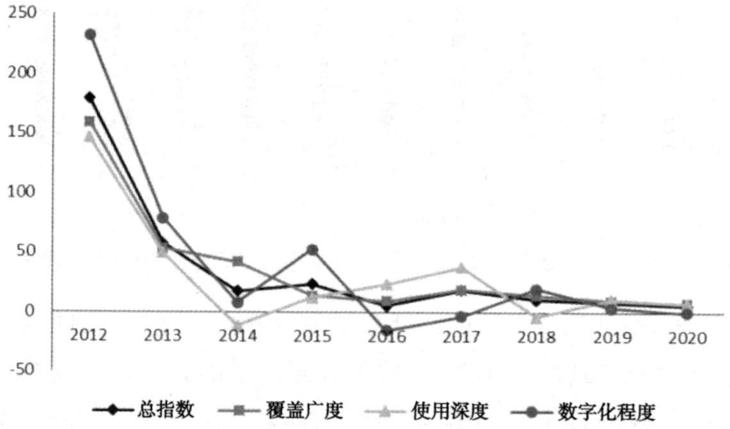

图 1-3　2011—2020 年数字普惠金融指数及分指数的省级中位值增长率[②]

随着数字普惠金融的覆盖广度和数字支持达到一定程度，其进一步拓展的空间有限，而各分指数近几年的增长趋势显示，未来数字金融的发展，将主要依赖于其使用深度的增长空间。

整体来看，随着数字技术创新应用日益广泛，中国数字普惠金融实践愈加丰富。当前，我国的数字普惠金融体系正在形成以银行类金融机构为中心，以互联网企业为支撑，以非银行金融机构为补充，金融科技企业赋

① 数据来源：北京大学数字普惠金融指数（2011—2020 年）[Z]. 北京大学数字金融研究中心，2021 年 4 月.

② 数据来源：北京大学数字普惠金融指数（2011—2020 年）[Z]. 北京大学数字金融研究中心，2021 年 4 月.

能，基础设施不断完善、制度保障不断健全的全方位发展格局（图 1–4）。

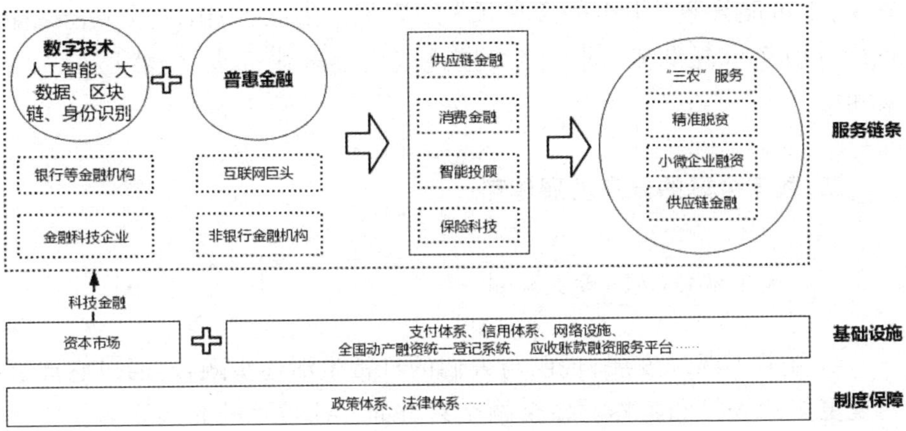

图 1–4 数字普惠金融发展概况[①]

2019—2020 年，我国数字普惠金融实践愈加丰富，在服务"三农"、精准脱贫、小微企业融资与智慧城市建设等方面，新服务、新产品不断涌现（图 1–5）。

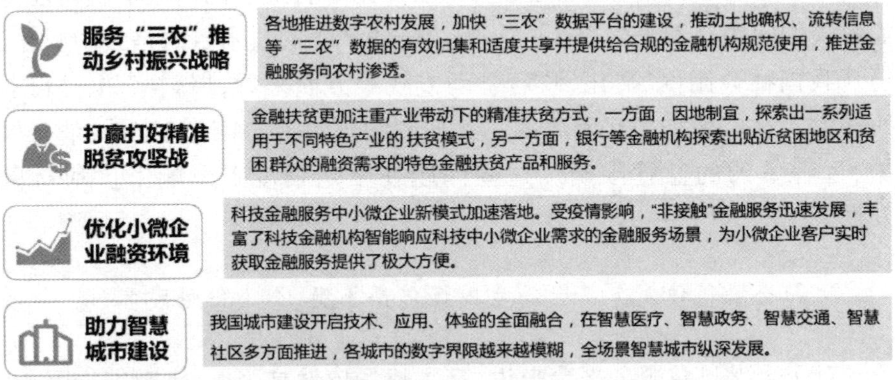

图 1–5 数字普惠金融的发展模式与创新实践[②]

除了技术优势，中国数字金融的快速发展还得益于另外两个优势：正规金融部门供给不足和监管部门相对容忍，后者给数字金融的发展提供了宽松的环境，这可能是中国的数字金融能够暂时领先其他国家的一个重要原因。但这也造成了不少混乱现象。在网络贷款和智能投顾等

① 图片来源：《中国金融科技和数字普惠金融发展报告（2020）》简版。
② 图片来源：《中国金融科技和数字普惠金融发展报告（2020）》简版。

领域，无证上岗、野蛮生长、庞氏骗局的现象相当普遍，这种局面如果不改变，很可能导致“劣币驱逐良币”的后果。因此，中国的数字金融能否持续引领世界潮流，同时继续推进国内金融业进步，仍然还是一个未知数。

二、数字金融的未来发展趋势

（一）人工智能（AI）和区块链

AI 随着不断地发展，现已与人们的日常生活逐步融合，通过它能够实现更多的场景和跨界。在金融交易方面，AI 技术的介入能够促使金融业发生巨大的变化：金融服务将进一步向生活相关的各个细节渗透，并提升便捷性；服务体验也将被优化，由传统的后延被动式服务转向实时交互式服务。

对于区块链的发展来说，目前是比较难以预测的。如今的区块链技术大都被应用于征信、运输、医药、对公交易等行业。国内区块链目前急需解决的问题是谁来做“链主”。区块链的产生的技术目的是去中心化，但从我国社会制度、文化、政府管理方式等方面来看，“链主”也是目前所需的。这似乎是相互矛盾的。其他制约则包括：系统稳定性、信息保护、远程签约的监管限制。这些问题在一定程度上影响了区块链的发展。

（二）金融科技服务平台的主战场仍是小微、个人借贷服务

对于金融科技服务平台来说，其主战场依然是个人、小微借贷服务，而金融科技服务平台就是从这两个领域产生和发展起来的。促进普惠金融的快速发展将是我国长期的国策。我们可以利用金融科技服务平台重点解决融资难问题，包括缩短交易时间，提高交易效率，将非信用信息与央行征信结合，完善风险管理机制。但需要注意的是，这只能在一定程度上解决融资贵的问题，因为我们需要考虑减少风险覆盖需要的成本、寻找成本和交易成本，特别是通过交易链条的平台，如网商平台。对于高风险群体来说，其借贷成本是很难降低的，这就无法避免欺诈行为的出现。对于监管部门来说，这种行为是不能接受的，所以针对这类

群体的出现，监管部门一定会采取更加严格的限制措施。这便导致了“长尾市场”无法获得服务的结果。

（三）金融机构与金融科技公司的合作将更加深化

大型金融机构和小型金融机构在合作模式上会有所差异。越来越多的金融机构的管理者认识到技术冲击将带来变革大潮，并全面影响金融机构的内部管理和运行效率，而科技能力的大小将对金融机构的竞争力和信誉产生越来越大的实质性影响。对此，大型金融机构采取的主要对策有自主研发和外包模式，我们可以称其为“抓大放小”；小型金融机构由于不具备资金实力和研发能力，以技术外包为主，再加之客户掌控。

未来金融机构与金融科技公司的合作将更加深化。与传统金融机构相比，金融科技公司有很多优势：人才队伍年轻化、组织架构扁平化、灵活化、激励机制优化，等等。此外，金融科技公司承受失败的能力很强，因为金融科技公司的资金大多来自私募基金（private equity，PE）和风险投资（venture capital，VC），它们都是高风险偏好的投资者，有较强的承受失败能力，而金融机构在这方面较弱，它们更追求稳健。但随着金融监管的进一步加强，未来的资本金门槛也将进一步提高，金融科技公司更难获得牌照，在持续的行为监管下，持牌的合规成本更高。在这种大环境下，由于金融机构持有专营牌照、持久的品牌声誉和庞大的客户群等优势，中小金融科技公司更愿意和金融机构合作，为它们提供专业化服务。双方的合作可以实现优势互补共赢发展的目标，科技公司提供分析能力和数据，金融机构则提供客户，它们共建价值网络，分享创造的价值。

（四）数字资源将由粗加工转入精加工阶段

今后，随着数字资源得到更进一步的深化加工，其价值也会得到更进一步的提炼。目前来说，数字资源仍处在粗加工阶段，随着不断地发展，以后将会进入到精加工阶段，最大化地发挥数字资源的价值。

从整个流程来看，大数据的生产主要包括数据采集挖掘—数据清洗与整理—交易数据记录—数据加工—专项数据跟踪等环节，每个环节都会进行专业分工。所产出的大数据将会在加密、评级、数据与平台安全、电子签名、征信、金融纠纷处理等领域进行运用。不同的金融科技公司，其行为模式也各有不同，只有大型的金融科技公司才会参与到整个流程之中，中型金融机构通常会涉及多个环节，而对于小型公司来说，一般会选择其中的一两个环节做深做透。

第四节　数字金融创新发展面临的挑战

当前，我国金融数字化转型面临重大机遇和挑战。金融科技是金融机构数字化转型的最大引擎，金融科技的发展也加大了风险防控的难度。金融数字化的快速发展带来了网络安全、市场垄断、数据权属不清、消费者权益保护等方面的问题，影响市场公平和金融稳定。数字金融创新发展面临监管科技滞后、相关技术标准规范不统一、大型金融科技公司垄断、数据安全等方面的巨大挑战。

一、监管科技和合规科技的发展需要加强

数字技术的使用是一把双刃剑，一方面，随着科技与金融的进一步融合，金融服务的效率得到了大大提升，另一方面，这也使得信息安全和网络安全的防控难度加大。相较于传统金融来说，金融系统的智能化、数字化、网络化更加具有多样性、复杂性和传导性。我国数字技术的核心技术受制于人，金融机构面临巨大的外部挑战和行业整体竞争压力。在科技投入方面，金融监管部门做得还远远不够，其所掌握的科技水平相较于金融机构来说是非常滞后的，对金融科技的运用水平也不是很高。金融监管部门未能建立健全金融科技风险防控体系，还需要通过人工智能、云计算、大数据等技术来提高金融风险技防能力和数字监控能力。金融机构需要在合规科技建设方面进一步加强，在开展金融业务的过程中，需要对数据安全风险、法律风险、操作风险、流动性风险、信用风险等进行有效的识别和防范，进一步降低合规成本。

二、大型金融科技公司有待进一步监管

像腾讯等大型互联网科技企业的规模越做越大，通过不断的参股、兼并、收购等方式，这些企业获得多种金融牌照或类金融牌照，所涉及的业务范围非常广泛，有着非常庞大的用户群体。这就使得其在监管方面需要面对以下几个方面的挑战。

（1）大型金融科技公司已经形成了混合行业经营，其所可能带来的潜在风险已经不亚于传统金融机构，随着风险的不断累积，系统性金融风险的发生率也会增加。

（2）在维护金融消费者利益方面，大型金融科技公司存在薄弱环节。在产品和服务营销方面，大型金融科技公司可能存在误导消费者的现象，金融风险被掩盖，导致消费者维权的难度大大增加。

（3）大型金融科技公司基于自身庞大的规模优势，很容易形成垄断，从而导致不公平竞争。

（4）在技术安全方面，国家对行业缺乏统一的规范，大型金融科技公司可能存在较高的技术安全风险，没有与之对应的应急管理机制。

三、金融科技的技术标准和安全规范有待完善

金融科技与业务加速融合，金融标准化是推动金融科技守正创新、防范并化解风险的关键。2020 年，我国陆续颁布了《商业银行应用程序接口安全管理规范》《关于开展监管数据质量专项数据治理工作的通知》《网上银行系统信息安全通用规范》《金融分布式账本技术安全规范》《个人金融信息保护技术规范》等多项金融数据安全政策、规范。2020 年 11 月 2 日，中国人民银行正式发布《金融科技创新应用测试规范》《金融科技创新安全通用规范》《金融科技创新风险监控规范》三项金融行业标准。但在金融科技标准化方面，仍存在行业标准化意识不强、标准化专业机构和人才队伍建设滞后、标准供给和落地不足等问题。想要实现数字金融的可持续发展，就要把金融科技标准实施与加强金融科技监管相结合，通过标准、测评和认证三个环节的工作规范金融科技创新应用。

四、垄断式创新影响了数字金融的竞争活力

"赢者通吃"成为金融科技企业的主要特征，这是一种"垄断式创新"，其目标在于效果，而非效率。就目前来看，数字金融市场是一个垄断竞争市场，第三方支付是一个典型的垄断市场。但是，一些金融巨头产品线的汇集掌握大量数据，实际上拥有数据的控制权，客观上可能会产生数据寡头的现象，并带来数据垄断。

相较于技术垄断来讲，数据垄断更难以被打破，容易形成"信息孤岛"，产生数字鸿沟，这显然不利于行业的良好发展。所以，必须高度警惕数字金融领域的寡头垄断，防止金融科技助长"赢者通吃"的垄断。

第五节　数字金融的风险与监管

一、数字金融的风险

（一）信用风险

普惠金融的数字化发展，其主要目标就是通过采用数字化的方位将便捷、有效、全面的金融服务提供给社会各个群体。普惠金融数字化能否得到稳定、健康的发展，其关键因素在于信用环节的好坏。

目前，我国缺乏完善的信用体系，这就使得普惠金融数字化建设的过程中存在很多风险，它主要表现在以下两个方面。

一是征信信息来源。在采集征信信息的过程中，对于个人信息，征信机构普遍存在非法或过度采集、滥用的情况。假如征信机构之前所采集的征信信息不准确，那么在之后的信息分析过程中，所获得的结果就会存在较大的偏差，这不仅使得采集来的征信信息的价值大大降低，还会对行业决策造成损害，存在较大的金融风险。

二是从用户征信信息储存的安全性来看，普遍存在征信信息被恶意篡改、丢失和泄露等情况，甚至一些市场参与主体在没有获得合法资格的情况下对征信信息数据进行违规使用，导致征信信息存在较高的储存

失控风险。

(二)信息安全风险

数字普惠金融服务需要大数据分析的支撑,这就说明采集信息数据的质量和效率决定了数字普惠金融的有效性。这就对信息数据的采集、传输和保存的保密性,断口安全性提出了挑战。

此外,网络安全问题也是其中所要关注的重点。一些数字普惠金融平台遇到了对自己的技术建设数据库防护系统无法使用的情形,便将这一方面的建设全交给了更加成熟的公司。这不仅给了不法分子盗取数据的可乘之机,还存在公司人员恶意泄露相关信息,对金融用户的个人信息合法权益造成风险。相较于传统普惠金融,通过借助于数字技术能够搜集更加详细、更加广泛的信息,一旦用户信息被泄露,就会造成一连串不良反应。因此,就目前来看,亟待解决的问题包括提升数字普通金融安全性和断口稳定性。

(三)数字技术操作风险

群体数量庞大是数字普惠金融最为显著的特征。在数字普惠金融中,如果存在一些参与主体利用技术漏洞来为自己谋取不正当的利益的情况,就会对其他参与主体的权益造成极大的、不可逆的损失,所带来的金融风险是难以估量的。

与此同时,数字技术的复杂性要求从业人员需要具有更高的专业性。但刚刚进入这一行业的从业人员在尚未清楚认识技术上的风险与安全的情况下,对数字技术相关的理论知识及实践要点难以在短时间内掌握,并进行合理运用。对于数字普惠金融来说,其最基本的要求,就是普惠金融机构通过借助数字金融来对成本进行控制,并对风险进行定价。

但对于很多普惠金融机构的工作人员来说,他们的数字技术并不成熟,很难通过借助大数据分析来帮助企业摆脱发展困境,从而使得普惠金融服务难以得到有效实行。例如,部分普惠金融机构存在以下情况:缺乏对相关系统基础设施、运行管理流程等方面的可靠评估;没有构建专门针对交易过程的安全防护系统;信息数据系统存在漏洞且修复技术欠缺，难以维持平台运营的稳定性；等等，这些情况不仅阻碍了数字普惠金融的发展进程，还形成潜在的操作风险。

二、数字金融的监管

（一）加强征信体系建设

数字金融属于“信用金融”的范畴，然而当前我国数字金融领域的征信体系存在着相互割裂的状况，并没有形成一个完整的征信体系框架，这对我国数字金融的健康可持续发展产生了严重影响。

一方面，金融科技的快速发展，如人工智能、大数据等，加快了我国传统金融机构向着数字化方向发展的速度，而业务转型也使得数字金融得到了更好的发展。此外，在监管领域，数字技术的广泛应用，也进一步推动了监管的发展。因此，在金融科技的支持下，各金融机构和征信机构对自身的征信体系通过加大资金投入和人才队伍建设来进行构建和完善。

另一方面，各征信机构共同建设征信信息交互融通机制，从而更好地实现资源和信息的共享，完整的征信网络也使得个人和机构的征信记录和违约行为被全网记录。国家有关部门要对个人和机构的信用风险进行及时识别和防范，并对违约失信的行为加大惩罚力度，为数字金融的发展营造良好的环境。

（二）建立数字普惠金融主体的保护与管理机制

目前，数字金融在我国的发展非常快，因此当下的主要任务就是加强保护数字金融消费者的合法权益，并加大对数字普惠金融机构的监管力度。

在保障数字金融消费者合法权益方面，无论是金融机构还是监管机构，都有责任和义务向消费者普及数字金融知识，帮助他们强化金融风险防范意识和安全意识，在面对个人信息泄露等问题时，要帮助消费者采用正确的应对措施和有效的阻拦途径。要从法律层面明确保护消费者的知情权和隐私权，积极引导消费者针对金融机构侵犯消费者合法权益的行为采用适当的途径和方式进行投诉。

对数字金融进行监管,主要从以下两个方面进行。

一方面,对于金融机构,监管机构应该加强监管,对于消费者的诉求,要积极听取和采纳,积极引导金融机构对自身的数字金融业务进行规范,并将相关信息及时向外界披露,为数字金融机构和消费者搭建有效的沟通渠道。

另一方面,在我国数字金融发展中,数字金融机构扮演着重要的推动者的角色,在对金融机构加强监管的同时,要对金融机构加强引导和规范,通过监管科技来降低相应的监管成本和合规成本。例如,对"监管沙盒"进行积极探索和试点,对于符合条件的数字金融机构,积极引导它们进行沙盒测试。在进行测试之前,要为新产品提供一个良好的测试环境,并对消费者建立合理的补偿机制,同测试机构约定相应的责任免除条款,大力鼓励数字金融产品创新。

(三)提高数字技术水平,降低操作风险

通过数字技术可以帮助金融产品升级,可以进一步加快金融创新的进程,促使金融发展的质量得到提升。但因为受到数字技术水平的限制,数字金融产品在被设计出来之后,一些不法分子很容易找到其中存在的技术漏洞,并加以利用,使得数字金融面临的风险大大增加。这就需要对金融机构给予鼓励,促使它们积极发展自己的数字技术,对数字金融产品进行更迭和完善,从而将风险扼杀在源头上。

一方面,要在政策方面对金融机构发展数字技术给予鼓励,加速推进金融机构向数字化转型,这样有助于金融机构设计出与市场要求相符合的、降低自身漏洞的数字金融产品,这样不法分子的投机行为就在源头上得到了遏制,操作风险也大大降低。

另一方面,数字技术的应用能够对信息不对称等问题进行改善,使金融产品变得更加透明。

目前,我国金融产品尚处在发展阶段,借助数字技术,数字金融风险会比传统金融风险有着更快的蔓延速度。所以,促使数字技术水平不断提高,能够更好地帮助监管机构对风险进行及时、准确地识别。例如,通过数字技术能够很好地识别金融产品的环境风险。

第二章　金融科技与数字金融

金融科技的发展给传统金融行业带来了颠覆性变革，通过一系列高新科技手段对传统金融行业所提供的各种产品及服务进行创新，在提高效率的同时，也大大降低了运营成本。数字金融便是当下金融科技发展所产生的新形式之一，是传统金融行业依托互联网及信息技术手段所提供的新一代金融服务。本章就金融科技与数字金融的关系进行了深入的研究与分析。

第一节　技术引领金融科技创新

一、金融科技与创新

随着现代经济社会的快速发展，越来越多的人对产业创新理论产生了兴趣。20 世纪 40 年代以来，产业创新理论体系在经济发展和理论研究的推动下，逐渐走向完善。

熊彼特（1939）是第一个提出创新理论的经济学家，在他看来，创新就是在原有的生产体系中引入一种原本没有的生产要素或条件，通过这种方式实现革新。一般来说，企业是创新的主题，特别是那些已经具备生产能力和掌握先进技术的垄断企业。

20 世纪中叶，伴随着新制度学派的崛起，越来越多的经济学家针对制度创新这一概念展开了研究。

诺斯（1999）在制度创新的概念基础上，创立了制度创新理论。在他看来，创新者通过制度创新便能够从中获得更大的收益，而在现有的制度下是难以实现这种收益的，这也是创新者进行制度创新的动力。

20 世纪下半叶，人们开始重视知识经济、信息经济等概念。

弗里德曼（1997）在产业创新的基础上，形成了“国家创新系统理论”。他通过对比研究日本、美国、苏联的产业发展情况，得出国家要想占据竞争优势，就必须把技术创新转换为产业创新的结论。

创新理论体系在以上几种创新视角的基础上变得越来越丰富。

狭义层面的产业创新就是以技术为核心，通过创新者的发明创造应用于产业之中，从而提升企业竞争力，促进产业进步。广义层面的产业创新就是指在政府和企业的协同作用下，对社会资源加以充分利用，对技术、制度等进行多方位的创新，促使原产业取得突破性发展。

可以说，产业创新理论应用在金融行业的例证就是金融科技。金融本身就是对社会资源进行优化配置的行业，在这个行业领域进行创新的重要性自然是不言而喻的。

目前，通过与科技相融合，中国金融行业逐渐进入金融科技时代。从字面意思来看，金融科技就是金融与科技二者相互结合的产物。对于金融科技，国际证监会组织给出定义：指有潜力改变金融服务行业的各种创新的商业模式和新兴技术。金融与信息技术的碰撞，无论是对资金端还是对资产端来说，对其金融服务的运作方式都产生了深刻的变革，它使金融行业回归本质，并对于资产端和资金端所存在的错配问题予以解决，从而提高效率和服务，使金融体系得以更加高效的运行。

为了进一步了解金融科技的含义，可将金融科技、科技金融和互联网金融三者进行对比。互联网金融就是通过互联网技术促使金融更加互联网化，这只是将金融原有的运作方式放到了互联网上进行传播，其根本的运作方式并没有被改变。但是，一旦将金融行业的线下服务放到线上，就会大大提高资金融通的效率。

2016 年 8 月 8 日，《“十三五”国家科技创新规划》对科技金融的含义进行了明确规定。

“科技金融”重在科技，其目的就是通过金融创新来更好地推动创新创业的发展，对创新创业提供支持的金融体系予以健全。

“金融科技”是指通过新兴技术，对金融产业进行改革，颠覆整个行业的运行。作为一种新兴的生态体系，金融科技的整个行业可以分为市场端、投资端和监管端三部分。

市场端：是指那些通过金融科技来拓展业务的金融机构或科技公司，他们的主要贡献就是创造底层的金融科技技术，并使这些技术获得更好的发展，在行业中得到应用。

投资端：指的是一些对金融科技技术非常看好的投资机构或孵化器公司，在行业中不断发掘有前景的项目或公司，为这些项目和公司提供技术指导、运营管理等方面的服务，并帮助他们对细节进行完善，加快前进的步伐。

监管端：从这一角度来看，金融科技的主要作用就是对监管的系统或模式进行优化监管，从技术的层面去了解金融科技的作用，并在行业监管中进行运用，不管是孵化器公司、金融科技公司，还是金融机构，在整个行业中，它们都是借助于金融科学技术来进行优化和创新的，从而更好地促进金融业的发展。

2017 年 5 月，中国人民银行宣布成立金融科技委员会，其目的在于加强金融科技工作的研究规划和统筹协调。无法否定的是，金融行业通过借助于人工智能、大数据等技术获得了极大的活力，但也必须正视的是，金融科技被很多平台利用，这些平台往往借助其名号来行一些对金融行业安全有危害的事。如何在控制风险的同时发展金融科技与创新，这正是相关监管部门面临的挑战。

此外，随着金融科技元素逐步融入传统金融机构，传统金融机构的相关业务也在不断地收缩。例如，电子支付、电子货币对金融市场的具体交易方式进行了重塑，但这也给银行业带来了非常大的业务挑战。

领先的金融技术的渗透，已经极大提升了行业运作的效率，因此，针对技术的提升，传统金融机构，特别是银行业必须要积极地面对这一事实。四大行（中国工商银行、中国农业银业、中国银行、中国建设银行）与“互联网四大巨头（百度、阿里巴巴、腾讯、京东）”的合作，给传统金融业带来了这样的信号：通过新兴的信息技术解决传统金融行业发展的痛点，正是传统金融机构发展转型的关键思路。

从创新的方向来看，金融科技创新主要体现在以下几个方面：服务端的体验化、负债端的互联网化、资产端的证券化、营销端的大数据化、支付端的区块链化以及投贷智能化，等等。这些方向，正是以大数据（Big Data）、云计算（Cloud Computing）、区块链（Blockchain）、人工智能（Artificial Intelligence）、虚拟现实（Virtual Reality，VR）和增强现实

（Augumente Reality，AR）等核心技术为背景，引领着金融行业进行一场深刻的创新革命。

二、金融科技核心技术

随着金融科技技术的发展，很多技术从产生到应用，在金融生态环境中产生了革命性的影响。大数据、云计算、区块链、人工智能、虚拟现实（VR）和增强现实（AR）等技术在金融行业中的不断发展和渗透，使得金融行业的效率获得了极大的提升，金融服务也变得更加人性化，深入到人们的日常生活的方方面面。

在实际过程中，这些技术相互之间也存在着依赖关系。大数据和云计算相辅相成，云计算平台的安全可靠给大数据的储存提供了一个稳定的平台，海量的大数据则给云计算技术提出了挑战。人工智能，通过机器学习来认知和预测世界，而机器学习的过程也需要依靠大数据和云计算平台。反过来，人工智能也可以帮助收集大数据，推动大数据的发展，而人工智能的可靠性也可以通过 VR 和 AR 进行检验。

金融科技，侧重于强调金融领域中科技的应用。金融服务在科技融合下得以落实，并回归行业本质。而这种融合，也正在金融的各个细分领域产生不同的形态，例如，将大数据与电子商务等结合，从而分析用户的信用和行为，又或是将区块链账本用于支付市场，记录每一笔交易，从一定程度上控制信用风险。

（一）大数据与云计算

1. 大数据与云计算概述

研究机构 Gartner 对大数据给出了以下定义，大数据是需要新处理模式才能具有更强的决策力、洞察发现力和流程优化能力的海量、高增长率和多样化的信息资产。简单来说，大数据即为海量数据资料，它通过不同表现形式的数据将体系内各个用户的行为记录下来，经过专业化的处理，掌握数据中的价值。

就技术来说，一说起大数据，就不得不提 IT 技术。其核心主要包括大数据、云计算、智能终端、互联网、移动宽带。这五者之间的关系为：

通过智能终端和物联网来对人和物的相关信息进行感知，然后在带宽高、速度快的移动网络传输下，将收集来的信息传递到计算机平台，经过大数据和云计算技术的处理，将所获得的信息分发给目标受众。

就互联网而言，它所提供的基础服务都是免费的，用户可以非常方便地使用互联网服务，但在用户使用的过程中，互联网会获得人们比较隐私的行为数据，就是将人的习惯、行为等数字化，从而将得到的数据进行分析。正所谓，天下不会有免费的午餐，很多人对于大数据背后的真实价值并没有形成正确的认识。从大数据本质来看，大数据同人的隐私权和人权是相互矛盾的。而在现实社会中，人们已经无法通过舍弃互联网来保护自己的隐私和人权，在创新发展方面，大数据与人的隐私和人权存在着利益冲突。

金融行业本身就是一个数据密集型的行业，从业机构接触到的用户数据越丰富，其刻画出来的用户画像就越具体，对用户的行为就越了解。企业利用大数据分析获得了很多有价值的东西，比如，通过大数据分析，企业能够对自身资源进行优化分配，促使资本运作效率不断提升的同时，也能够做出具有前瞻性的业务决策；通过数据的实时更新，企业可以及时获得最新的市场动态，并获得了更多的时间和空间来进行战略调整，从而获得更加丰厚的利润。在风险管理方面，大数据可用于了解用户的信用层级，从而给予资金提供方以风险识别的用途；在营销方面，在云计算和大数据技术的支持下，对用户的消费潜能进行大力挖掘，以最小的广告推广成本来获得最大的利润；在用户服务方面，拥有数据的平台，可通过用户画像给予不同风险承受能力的客户以个性化定制的理财产品，帮助其合理地进行资产配置。

从金融的角度来看，一个企业对数据的掌握程度，在一定程度上决定了这个企业业务的丰富程度。也就是说，对于企业来说，数据已经成为相互之间的核心竞争力之一。企业通过分析大量的数据，能够从中获得有价值的信息，找到价值潜力，这也是各金融机构正在探索的思路之一。

在金融领域中，对计算机与大数据的应用的探索已成为国内外各大金融机构和平台当下最为关注的事情，通过将大数据作为基础来构建起一个基础技术凭条，可以对用户进行精准的画像刻画，在对新型金融市场进行继续探索的同时，对用户存在的潜力进行大力挖掘，以更好地提高国家整体金融行业的科技竞争力。

2. 大数据与云计算发展现状

2018—2019年，我国数据生产量大幅提升。2018年，我国数据量达到7.6ZB（同期美国数据量为6.9ZB），预计到2025年，我国数据量将达到48.6ZB。

大数据产业规模稳步扩大。2018年，我国大数据产业规模超过6000亿元，未来将会持续增长。

大数据技术自研能力需增强。2018年，我国大数据领域专利公开量约占全球的40%，位居世界第二，但自研比例不超过10%。①

2019—2020年，我国产业规模持续扩大，结构趋于稳定；大数据技术创新能力持续增强，大数据应用各环节进展不一，作为新基建的数据中心，发展前景广阔。大数据产业链上游数据源供给需要进一步解决安全问题，产业链中下游联系更加紧密。大数据产业发展"东高西低"的基本结构没有发生变化。东部地区发展进一步加快，尤其是北京、广东、上海、浙江、江苏等地与其他地区的发展差距进一步拉大。北京、上海、杭州的金融大数据发展水平超过其他地区。东部地区出现了"多点开花、协同共进"的发展态势；西南地区以贵州和重庆为中心扩散发展；西北地区大数据产业整体发展比较落后。

2019—2020年，云计算步入发展快车道，2019年的总规模达到1335亿元，较2018年增长38.72%。融资额呈上升态势，2009—2019年，国内云计算行业投资金额从2009年的55.9亿上升到2019年的911.2亿元，年均复合增长率（CAGR）为32.20%。中国企业也在积极上云，在产业链运行中，上游芯片产业发展加速变革，中游服务器领域将迎来爆发式增长，下游云生态系统建设加速发展，金融云高速发展，2019年全年，中国金融云市场规模达到33.4亿美元，同比增长49.6%。2019年下半年，金融云基础设施市场规模达到13.7亿美元。② 从产业布局发展来看，京津冀、长三角、珠三角地区的云计算发展水平最高，中西部地区

① 数据来源：中国金融科技和数字普惠金融发展报告(2019)[R].中关村互联网金融研究院，2019年12月.

② 数据来源：中国金融科技和数字普惠金融发展报告(2020)[R].中关村互联网金融研究院，2020年12月.

发展较为稳定，四川、重庆等地区发展较好。

（二）区块链

1. 区块链概述

2008年，区块链的概念由中本聪首次提出。简单来说，区块链就是对所有使用电子货币的交易进行记录的一个链式账本。区块链技术的发展，对数据存储的方式进行了优化，改变了传统业务系统的底层架构。在短短几年时间里，区块链从支付到投票，从智能合约到追踪犯罪，获得了飞速增长。

目前，有越来越多的使用区块链技术的应用案例，而金融市场是其应用发展最快的领域。毫无疑问，区块链技术的热度还将继续，其在未来不短的时间内都将是金融业关注的焦点。

从金融交易的本质来看，参与交易的双方在现实交换价值所属权的过程中，彼此是互相不信任的，二者之间的价值也不能进行直接的交换，这就需要有中介来进行担保，以促使交易顺利进行。合理的中介担保，保证了交易的正常运行，大大提升了经济活动的效率，但目前存在的第三方中介机构具有流程复杂、容易出错、周期长、成本高等缺点。区块链技术的发展对金融服务行业存在的痛点进行了有效改善，其所具有的点对点交易、去中心化等特点，深受金融服务行业的欢迎。当前，区块链在世界范围内的应用案例基本都来自金融领域，其应用主要集中在数字货币、跨境支付、供应链金融与证券交易这四个方面。在其他众多领域，区块链也大有可为。

在金融科技领域中，区块链作为其中的核心技术之一，自2008年比特币的横空出世，其底层区块链技术便获得了金融界的认可。国际很多金融机构相继进行区块链的研究与开发、应用。作为一种去中心化的分布式账本，当区块链运用到不同的情况时，它给参与交易的各方所带来的具体效用如下。

（1）能够使交易成本降低。由于区块链具有去中心化的特征，在交易的过程中，各方都是平等且独立的，在整个交易的过程中不需要中介的参与，这就使得交易成本大大降低。

（2）能够促使交易效率提高。因为中间不再有中介机构，所进行的交易都是实时进行的，这使得交易无法进行实时结算的缺陷得以有效的避免。

（3）交易记录是无法人为更改的。这主要是因为对于交易各方来说，区块链账本都是透明的、公开的，任何一个交易都是以时间为依据不断记录的，如果想要更改交易记录，所付出的成本是非常巨大的，也很难实现，这就使得交易记录具有不可更改性。

（4）交易流程更加自动化。对于区块链账本来说，如果系统中的"智能合约"要求被触发，那么系统就会在账本上自动记录交易。

2. 区块链发展现状

2019 年 10 月 24 日下午，中共中央政治局就区块链技术发展现状和趋势进行第十八次集体学习。中国人民银行于 2020 年 2 月发布《金融分布式账本技术安全规范》，它是中国金融业首个区块链标准。2020 年 7 月，证监会启动区域性股权市场区块链登记托管基础设施建设的试点工作，首批确定了北京、上海、江苏、浙江、深圳 5 个试点地区，目前试点工作进展顺利。随着 2018 年、2019 年资本的大量投入，我国区块链产业已具有一定的规模。2020 年，虽然爆发了全球新冠疫情，但我国区块链产业并未受到太大的影响，反而一直呈现稳定增长态势，2020 全年产业规模达 48.15 亿元，较 2019 年大幅上升（图 2-1）。

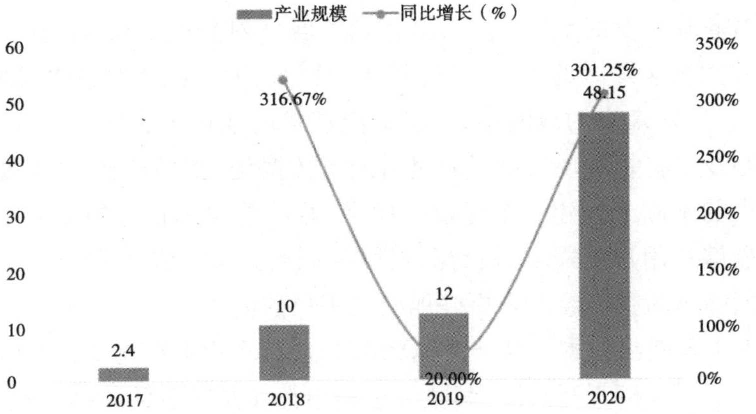

图 2-1 区块链产业规模[①]

在布局上，区块链发展地域性比较明显，东部沿海地区的企业数量全面超过中西部地区，2020 年上半年，北京和广东区块链企业数量都在

① 数据来源：中国前瞻产业研究院。

350家左右，远远高于其他地区。

（三）人工智能

1. 人工智能概述

由谷歌开发的AlphaGo在围棋界大显身手之后，人们对人工智能的关注达到了顶点。事实上，人工智能已经在社会各个领域中得到了应用，也切实推进了各个行业的快速发展与进步。

无论是生活中处处可见的智能手机的应用，还是复杂的超级计算机，人工智能的普遍运用已经给我们的生活带来了极大的改变。

人工智能可以分为两个部分，分别是人工和智能。人工指的就是人力所创造的事物，智能则是指机器对运算、感知和认知的学习。通过将人工和智能二者很好地结合起来，所形成的人工智能技术就是指机器能够通过不断的更新来对人类的反应进行智能化模仿。不管是借助于机器来满足生活所需，还是人机交互，最终的目的都是通过这项技术来帮助人类的生活变得更加便捷。

由于机器智能化的设置，导致其作出的每一项决策都是根据计算机的算法得出的纯理性化的决策。

国务院印发的《新一代人工智能发展规划》中提到，人们的生活在人工智能快速发展的当下，已经发生了巨大的变化，而作为改变世界的技术之一，在未来的战略中，人工智能技术的地位不言而喻。人工智能的核心技术就是对现实世界通过借助于数据化技术和理念来实现建模，在数据的基础上构建一个虚拟的世界，然后再构造相应的业务系统，这样既能够对用户的需求进行深刻把握，同时还能够获得用户的画像，如此便能够驱动智能经营来更好地满足用户的需求。

人工智能与数据有着非常紧密的联系。不管是在初学机器阶段，还是最终实现人机交互阶段，其整个过程中都涉及大量的数据。随着人工智能技术的快速发展，人类社会也开始进入了人工智能数据时代。金融领域中，随着人工智能技术的应用，其已经开始同风控、贷款、大数据征信、资产配置等相结合。这些年来，智能投顾项目，即人工智能与投资顾问相结合的项目已经获得了很多成果。

智能投顾产品所具有的风险通过人工智能、大数据等技术手段得以严格控制，相比传统投资顾问来说，其有着非常明显的行业竞争优势。传统大型金融机构有着良好的客户基础和信用基础，及相对较低的风险水平，智能投顾在短期内可能无法形成竞争优势。但随着互联网技术的快速发展和外部化趋势的加强，以及政策对金融科技的支持等外部因素的逐渐完善，智能投顾平台的便利性、高效率、风控等优势凸显，长期而言，竞争优势明显。

智能投顾在国内具有潜在的万亿级市场体量，其在国内的崛起是值得期待的。但在初级阶段，由于监管制度不完善、市场教育成本太高等问题，需要我们理想地看待和处理这些问题。具体来说，对于在金融市场中占有很大比例的个人投资者来说，我国应该因地制宜，制定个性化的以主动投资为主的策略，通过借助大数据对股票等投资品进行分析，来制定合理有效的买卖策略，从而更好地开拓智能投顾新方向。长期来看，以风险分散为主的、追求长期稳定回报的资产大类配置模式仍是我国智能投顾需要把握的未来发展趋势。

综上可知，对数据进行计算和处理是人工智能所具有的巨大的优势，所以，将大数据同人工智能相结合，便能够对数据实现实时处理，这也是金融领域中人工智能新的应用方向。

2. 人工智能发展现状

2019—2020 年，中国人工智能市场规模依然保持快速增长势头，2019 年，中国人工智能软件及应用市场规模达到 28.9 亿美元，2018—2024 年的复合增长率达到 39.0%。2019 年，人工智能产业融资 898 亿元，同比下降 31.5%；融资事件 351 个，同比下降 41.2%，创新基础进一步夯实，与其他技术融合属性进一步凸显。[①] 在布局上，“AI+ 金融类企业”主要分布在东部，集中于北京、上海、广州、深圳四大城市。中西部地区也有一定发展，主要集中于重庆、四川等地区。

（四）VR&AR

Oculus 是一家非常有名的从事虚拟现实设备的公司。2014 年 3 月，

① 数据来源：中国金融科技和数字普惠金融发展报告(2020)[R]. 中关村互联网金融研究院，2020 年 12 月 .

Oculus 被 Facebook 以 20 亿美元的价格收购，在世界范围内掀起了一场虚拟现实（VR）应用的热潮。2016 年被称为虚拟现实的技术元年，在各行业中 VR 技术开始得到应用。金融领域一直以来都与前沿科技紧密结合，因此虚拟现实和增强现实技术也在金融领域中得到较好的应用。

VR 通过计算机仿真系统，模拟生成一种虚拟环境，实体与环境之间有所交互，给用户以身临其境的感觉。增强现实（AR），则是通过计算机实时地改变屏幕上虚拟世界的图像角度，增强用户与产品之间的互动，加强用户的体验感。混合现实（MR）既包含了虚拟现实又包含了增强现实的技术，通过两种技术的相辅相成，产生一个全新的可视化环境，使用户分不清真实世界和虚拟世界。

对于 VR 技术来说，其更多的是侧重沉浸感，它强调通过计算机技术来实现对用户五官感觉的完全"控制"，在这种状态下，用户与真实世界的联系完全被切断，置身于虚拟世界中。相比 VR，AR 则更多的是通过虚拟技术来为真实世界提供更好的服务。通过 AR，用户既能够与真实的世界保持联系，同时，又能够加强对虚拟世界的观感。MR 技术则是通过将 VR 和 AR 的功能进行结合，将虚拟和现实混杂其中，使用户能够产生不同的体验。

就目前发展形势来看，VR/AR 技术给金融行业带来如下改变。

1. 数据可视化

随着互联网技术的快速发展，数据在金融领域的重要性愈发凸显。在云计算、大数据等技术工具的支持下，海量的数据得以良好的储存和展示。而 VR/AR 的应用，可以突破二维空间展示的限制，实现立体式的呈现。通过虚拟环境，用户既能够直观地看到可视化效果的数据，还能够实时与数据进行交互。

2. 金融产品交易

产品的销售和推广往往会受到空间和体验的约束，这在理财产品市场和证券产品市场都很常见。借助于 VR/AR 技术，在将海量数据直观可视化展示的同时，能够让用户通过虚拟环境来感受产品所带来的体验，交易平台通过 MR 的技术也能够非常方便地实现证券交易。

3. 电子支付

电子支付的出现本身就给传统支付模式带来了颠覆，用户可以通过智能设备进行支付，相比原有的非电子支付来说，更简单快捷。而 VR/AR 技术则可以给用户提供更灵活的支付方式、更流畅的支付体验、更安全的支付过程。结合数据可视化，用户通过自身特征对支付请求进行确认，并通过简单的指令完成支付，从而达到流程一体化。

4. 培训领域

在正式上岗之前，从事金融行业的人员常常需要接受一段时间的专业培训。借助于 VR/AR 技术，便能够在全国范围内在各级机构中开展培训，这在节省大量成本的同时，还能使培训变得更加专业化、标准化。

随着技术的不断发展，金融服务的传统模式被革新，金融客户也越来越倾向于摆脱空间速度和烦琐的流程，在这种趋势下，VR/AR 技术的应用自然会不断地拓宽。

第二节　金融科技助推数字金融发展

一、助推数字金融发展的影响因素

对于金融来说，其本质就是将资金短缺者和盈余者通过有效的、简单的方式连接起来，为实体经济提供服务。数字金融专项，其方向就是回归金融的本质，通过新兴科技手段，来促使金融服务的质量和效率得到提高，并大大降低服务成本，贯彻落实普惠金融，促进我国经济转型。

影响数字金融转型的因素，主要有以下几点。

(一)宏观经济去杠杆

随着我国供给侧结构不断改革、金融“去杠杆”以及经济增速的调整，传统的金融企业依靠对公业务、金融市场的增长业绩方式，很难应对如今的市场竞争，需要大力发展零售业务。

（二）数字经济大发展

随着我国数字经济的快速发展，我国已经成为世界第二大数字经济大国。数字化的快速发展影响了各行各业，很多行业在互联网的基础上，借助于新技术，将数据作为核心生产要素进行转型升级。金融行业应紧随数字化发展的趋势，为实体经济提供更好的服务。

（三）金融科技爆发式增长

在为大众和中小企业提供服务的过程中，传统金融机构受到了信息不对称、高度依赖线下、缺少抵押品等因素的影响，使得需要消耗的服务成本非常高，而且大大拖累了服务效率，无法有效地满足长尾客户的金融需求。

互联网金融、金融科技企业的出现，一定程度上填补了空白，其借助移动互联网、云计算、大数据、人工智能等信息技术手段，以“在线化、场景化和数据化”的方式，向中小企业和普罗大众提供了普惠的金融服务，使金融更具包容性。

2019 年，我国金融科技发展依然是全球“领头雁”，在市场规模、融资金额、企业发展、人才培养等方面都取得了一定成绩，支付领域的开放加快了整个产业“走出去”的步伐。金融科技监管不断完善，金融科技应用试点不断展开，中国版“监管沙盒”逐渐成形，同时数据保护也进一步制度化、规范化。

在市场规模方面，我国产业发展领先全球；企业营收规模稳定增长；市场规模不断创新高；金融科技专才培养持续增多；科技风险性较金融风险性更突出；支付领域的开放加快了金融科技前进的步伐。

在融资方面，国内融资金额持续上升，投融资活跃度仍然较高；以人工智能、大数据、区块链等为主要技术支撑的金融科技领域关注度越来越高，支付业务备受金融机构投资青睐。

在科技监管方面，我国实行制度化建设，监管体系不断完善：坚决守住不发生系统性金融风险的底线；建立健全金融科技监管基本规则体系，打造中国版的“监管沙盒”；中国人民银行科技司有关个人金融信息和金融数据保护的多项标准，也已立项编制。

在科技技术方面，我国金融科技底层技术实现创新能力和应用程度“双升”，“ABCD+”技术生态正在逐步完善。把区块链等核心技术作为自主创新的重要突破口，加快金融科技技术和产业的创新发展。

（四）客户行为习惯的显著变化

随着移动设备的普及和年轻人群行为模式的变化，以线下实体网点为主的金融服务时代将一去不复返，从数字化渠道获取金融服务已成主流。互联网金融企业，利用移动互联网、生物识别、大数据和人工智能等科技手段，依托移动互联网以纯线上的方式服务客户。互联网金融企业对于客户体验的极致追求，深刻改变着客户的行为模式和习惯，倒逼金融企业改善客户体验。

随着外部世界的飞速发展变化，金融企业向着数字化转型已成为必然。金融企业应紧抓新技术周期所带来的新的机会，积极推动数字化转型。

金融的数字化转型是利用移动互联网、物联网、区块链、大数据、人工智能、云计算等金融科技，对金融进行数字化改造，打造“三个能力，实现一个目标”，“三个能力”是数字生态能力，链接人、物、企业，实现消费互联网、产业互联网与金融的深度结合；打造金融智能能力，以数据为生产资料，驱动业务决策，提高效率，服务长尾客户；打造业务敏捷能力，实现业务低成本试错、持续迭代和优化。“一个目标”是数字金融的目标，为客户打造极致的数字化体验，以高效的方式满足不同客户的金融服务需求，推动客户与业务的增长，实现金融的普惠。

二、金融科技在金融领域的创新与发展①

（一）金融科技在银行业的创新和发展

（1）我国银行数字化转型进入快车道。2020 年，新冠疫情的爆发对

① 数据来源：中国金融科技和数字普惠金融发展报告（2020）[R]. 中关村互联网金融研究院，2020 年 12 月 .

全球造成了巨大的冲击,金融业逆势上扬。在金融业中,贡献最大的就是银行。疫情期间,银行采取了一系列措施加快了数字化转型的步伐,比如积极制定金融科技战略,强化布局等。

(2)银行数字化转型基础进一步夯实。2019年中国银行业IT解决方案市场总规模约为425.8亿元,同比增长23.9%。到2024年,中国银行业IT解决方案市场规模将达到1273.5亿元人民币。

(3)各银行都在生态场景建设、优化服务渠道、强化中后台信息化建设、提升风控能力等方面加快了金融科技布局。

(4)民营银行发展依然强劲。具体表现在:第一,民营银行发展迅猛。微众银行、网商银行和新网银行在2019年净利润规模合计超过60亿元。江苏苏宁银行、湖南三湘银行、重庆富民银行、四川新网银行、武汉众邦银行及辽宁振兴银行的净利润增长速度均超过100%,江苏苏宁银行翻了20倍。第二,信贷风险得到进一步降低。民营银行的存贷比较高,存款有力地支撑了信贷投放,存贷比普遍在50%以上,四川新网银行更是高达121.2%。第三,民营银行在净息差、资产质量等方面有明显优势。第四,虽然民营银行不良贷款率有所上升,一方面,各民营银行不良贷款率绝对数很低,另一方面,信贷风险实现合理传导,属于正常调控范围,因此,民营银行资产质量依然较高。

(5)开放银行模式更加普及。第一,开放银行的发展进一步规范化。2020年2月13日,中国人民银行发布的《商业银行应用程序接口安全管理规范》规范了开放银行的行业标准,制定了商业银行应用程序接口的类型与安全级别、安全设计、安全部署要求。第二,开放银行模式发展加快,取得了一定成果。

(6)银行系金融科技子公司创新发展。第一,新设金融科技公司进一步增多。截至2020年11月,我国共有13家银行系金融科技子公司。2020年,新成立交银金科和农银金科两家银行系金融科技子公司。第二,银行系金融科技子公司不断创新发展。

(7)虚拟银行有条不紊推进。截至2020年9月底,包括众安银行、天星银行、汇立银行、Livi Bank、Mox Bank、蚂蚁银行、平安壹账通银行在内的7家银行已经正式开业,仅富融银行处于试营业状态。截至2020年10月,7家虚拟银行已吸引近30万零售客户。

（二）金融科技在保险业的创新和发展

智能化、数字化成为各行业谋发展的普遍趋势，保险行业也在此契机下谋求转型。2019—2020 年，受疫情影响，互联网保险业务得到飞速发展。截至 2019 年年底，我国共有 132 余家保险公司经营互联网保险业务，与前两年基本持平。其中，有 62 家保险公司经营互联网人身险业务，有 70 家保险公司经营互联网财产险业务。

在大数据、区块链、云计算、人工智能等新兴前沿技术的带动下，保险业正从人力密集型、资本密集型向科技密集型发展。各大险企纷纷加大科技投入。科技对保险业的变革已经"由表及里"，从保险渠道变革逐步深入到保险中后台的基础设施变革。保险科技催生了新的保险需求，重塑了保险价值链，构筑新的保险生态。

金融科技在创新发展的同时也面临着一些挑战，2019 年 4 月 1 日，中国保险业首个国家标准《保险术语（GB/T 36687-2018）》正式实施，它是我国保险行业的基础标准。但是，目前我国的保险科技发展仍处于丰富基础设施的阶段，欠缺较为成熟的保险科技行业标准，保险科技标准体系有待完善。

受到疫情影响，保险业正加速变革服务方式。但是，目前我国保险业依然面临意识观念淡薄、"保险 + 科技"复合型人才缺乏、组织管理方式薄弱及行业数据流动存在壁垒等制约线上化转型的因素。

（三）金融科技在其他金融领域的创新

1. 智能投顾

我国的智能投顾行业发展稳定，后劲充足。根据 Statista 数据显示，预计到 2022 年，中国的智能投顾管理资产总额有望超 6 600 亿美元，用户数量超过 1 亿。中国已经成为全球第二大财富管理市场，中国市场财富总量已居于全球第三。截至 2019 年，我国智能投顾技术领域共 72 起投资事件，总投资额超过 330 亿元。按照投资所处轮次来看，处于天使轮、A 轮和 D 轮的相对较多。

我国已有的智能投顾可以分为三大类型。

（1）全球配置型，以海外 ETF 作为投资标的，将国内投资者的资产跨区域配置到全球市场。

（2）证券投资型。

（3）理财超市型，通过统计收益率、风险指标等信息对产品进行筛选排序，结合用户的风险测评指标提供最优化的投资组合。

目前，智能投顾采用的人工智能技术依然较多为弱人工智能，联邦学习、多方安全计算尚未应用到该领域。智能投顾与投资者的交互开始增多，但是交互方式依然单一，行为数据规模相对较小。

2. 供应链金融

2019 年，中国供应链金融市场规模达到 22 万亿元，较 2018 年增长 26%，预计到 2022 年规模将达到约 39.6 万亿元。开展全国范围的供应链金融业务的企业近六成，本地范围、区域范围和世界范围业务的供应链金融企业占比相对平均。

技术依然是驱动供应链金融发展的重要因素。55% 的企业应用了大数据和人工智能技术，44% 的调研企业应用了云计算，39% 和 29% 的企业运用了区块链和物联网技术。区块链技术与供应链金融加快融合，在反向保理、保兑仓融资、应收账款融资等场景中发挥了重要作用。

3. 消费金融

（1）消费增长成为消费金融市场规模扩大的主动力。消费已连续 6 年成为我国经济增长第一拉动力。截至 2019 年，零售市场规模超过 40 万亿元，消费支出对中国经济增长的贡献率达到了 57.8%。

（2）消费金融行业参与主体更加多元。参与消费金融市场的机构主要分为持牌金融机构和非持牌金融机构两类。第一类是持牌金融机构，如商业银行、信托公司、消费金融公司、小额贷款公司、保险公司、融资担保公司等。第二类是非持牌的金融机构，主要有如网络信息中介平台、各种不具牌照的互联网平台、助贷机构。

（3）消费金融公司数量不断增加。目前，国内持牌消费金融公司已经达到 30 家。首批消费金融公司从 2010 年开业至今，各公司发展存在差异。依靠传统线下发展模式的消费金融公司目前发展较为滞缓。互联网轻运营模式发展较好。

（4）消费金融监管日趋完善。目前，我国形成了由金融委、一行两会、行业协会、消费者权益保护局等多部门组成的监管体系。

(5)科技赋能消费金融更加智能化发展。在风控方面,以大数据和人工智能为核心技术,建立智能风控体系。在营销环节,通过大数据技术,构建客户画像,实现精准营销。在服务环节,主要通过人工智能技术,推出智能面签系统、交互系统、客服系统等,优化和升级全流程的服务。

4. 第三方支付

(1)第三方支付市场规模持续增长。2019 年,银行共处理电子支付业务 2 233.88 亿笔,而非银支付机构的网络支付业务业务处理量已达 7 199.98 亿笔。

(2)互联网巨头加速向支付业务进击。近两年,各大互联网巨头通过直接或间接的方式获得支付牌照,加速向支付业务进击。

(3)移动支付成为支付业务的主要增长点。截至 2019 年年末,移动支付交易总体规模占比已经增至 62.8%。

(4)跨境支付成为支付巨头新竞争点。第三方支付在国内一二线城市相对饱和,支付竞争激烈,而海外市场的发展模式相对不成熟,费率也偏高,内外因双重驱动第三方支付巨头布局海外市场。

(5)支付市场格局逐渐成形。第三方市场格局仍然以支付宝和财付通(微信)两大巨头为主。但现在各大互联网巨头纷纷加紧布局支付业务。

第三方支付的技术与应用创新:第一,生物识别技术被广泛应用于支付领域。生物识别技术中的动态人脸识别技术,能够捕捉人体的动态特征,大幅度地提高了支付过程中的安全性能。第二,区块链技术成为跨境支付竞争发展切入点。基于区块链技术的加密货币是一种新的支付方式,并且安全性更高。随着各国对数字货币的加紧研发和推行,以先进的底层区块链技术做支撑,跨境支付将更加高效便捷。

5. 监管科技

2019 年底,中国人民银行正式在 10 个省市开展金融科技应用试点。

2020 年初,中国人民银行营业管理部发布《金融科技创新监管试点应用公示(2020 年第一批)》公告,对 6 个拟纳入金融科技创新监管试点的应用向社会公开征求意见。第一批在北京市展开试点,打造成标杆模式后，将逐步向全国范围内进行推广。试点单位涵盖了5家银行以及清算组织、支付机构、科技公司等多类机构，其中5家银行具体包括工商银行、农业银行、中信银行、百信银行与宁波银行。试点的6个项目中，技术应用方面运用次数最多的是大数据，达到5次，其次是人工智能4次、区块链2次。

2020年6月，北京金融科技创新监管试点第二批11个创新应用向社会公示。

中国监管科技服务商主要有IT软件巨头、互联网巨头和监管科技服务公司三类，IT软件巨头和互联网巨头的监管科技业务份额占据绝对主导地位。

我国监管科技已经基本能够覆盖包括身份管理控制/客户尽职调查、风险管理和系统评估、合规管理与报送、数字化报告和内部行为监管等应用场景。目前的业务主要集中在身份管理控制/客户尽职调查和风险管理和系统评估等方面。同时，反欺诈、风险评估业务发展迅速。

三、数字生态

数字生态是一种网络协同和数据驱动的平台模式。随着一轮又一轮的技术变革，从互联网到移动互联网，再到物联网，我们可以看到，技术改造传统行业，最本质的就是把传统工业时代的供应链管理，重构成基于互联网的网络协同，从而变成一种新型的社会化分工合作的关系。

大多数传统行业所采用的是一种工业时代传统的、封闭的供应链管理体制，可称之为“管道型模式”，管道是一步一步创造和传递价值的过程，供应商在一端，而客户在另一端。公司首先设计产品或服务，制造产品，然后投入市场进行销售或交付服务，最终，客户通过一定渠道购买产品或服务，由于过程简单、单向，这种管道型模式多被称作“线性价值链”。线性价值链推崇的是规模经济，大规模、标准化、流水线的生产，以生产的低成本赢得竞争优势。传统的金融行业的经营模式，仍大多秉承管道型模式，产品部门负责设计金融产品，风控部门负责制定风控标准，渠道部门负责销售和服务客户，整个过程是流程和标准驱动，造成的问题有很多，比如，传统金融机构的产品标准化高，追求规模效应，符合标准的大企业能够相对容易地享受到金融服务，而那些不太符合标准的小企业和长尾客户则难以享受到金融服务。

近几年，随着互联网、共享经济的快速发展，越来越多的传统行业被颠覆，颠覆的方式是从“管道型模式”向“平台型模式”转换。平台型模式的核心是网络协同，利用网络连接人、企业和资源，用一种多角色、大规模、实时的社会化协同的方式，基于网络来创造新的价值。平台型模式追求的是网络效应，网络效应最简单的概念，就是网络的价值和使用的人数的平方成某种正比关系，即使用的人越多，这个网络的价值越大。平台的力量体现在它们产生和维持网络效应的能力方面，在这种情况下，平台新增一个参与者，就能为整个体系带来“1+1>2”的效果。平台型模式的优势如下。

（1）平台型模式具备开放性，能够借助规模化、低成本的技术手段消除“守门人”，使得更多的人可以“无障碍”参与到平台中，从而放大规模效应。

（2）平台型模式具备传播性，能够开发价值创造的新来源，简单而言，就是网络具备传播效应和用户黏性，能激发更多的参与者自发参与到平台中。

（3）平台型模式具备智能能力，能够借助数据工具，打造数据闭环，根据参与者在平台中所沉淀的数据，通过算法，优化平台中的互动效率。

因此，金融架构在数字化转型过程中，应优先制定自身的数字平台战略，由“制造型金融企业”向“平台型金融企业”转变，打造数字生态。

四、金融智能

数据智能的本质是机器取代人直接做决策，利用数据模型可有效消除人的认知偏见和情绪波动对决策质量的影响，提高决策的效率，以服务更多客户，并根据客户的特征去定制个性化金融服务。有关金融智能的具体分析如下。

（一）洞察客户，定制个性化金融服务

数据驱动决策的方式，在精准判断客户需求并给出对应产品决策（如产品推荐、动态利率等）之余，能够准确评估风险，更能极大地优化综合运营成本，并降低用户因为安全问题而受到打扰的概率，提升客户

体验，借助大数据分析构建用户画像；基于人工智能算法模型提升匹配度；通过实时决策达到千人千面效果等个性化能力的提升。纵观数据驱动决策能力的发展，对客群的细分正从宏观转变成微观，越来越多地结合用户的行为及分类标签采取定制化沟通策略，进而根据每个客户的独特“属性”，确定个人特征、互动内容和互动方式，从而针对每个客户采取独特的互动策略。

近年来，我国消费金融市场快速发展，移动互联网、大数据、人工智能和云计算等技术被广泛地应用到消费金融领域，使消费金融业务从线下转向线上，实现了服务半径的扩大和服务效率的提升，客户群体也由收入水平较高的高净值客户群体，向学生、农民、蓝领等收入较低、享受不到金融相关服务的人群下沉，风控模式则以资产、现金流、职业属性为核心的传统风控模式，向以大数据、人工智能为基础的创新风控模式转变。

创新风控模式，是在自有业务数据和中国人民银行征信数据的基础上，引入第三方数据源（政府、互联网等），对客户进行多维度的画像，通过模型算法，实时计算、识别客户风险，建立“客户准入—授信—反欺诈—贷后监控—贷后催收”的全流程模型策略体系，实现以数据驱动的智能运营。

客户画像是开展智能业务运营的重要基础，客户画像也属于客户建模的范畴，传统意义上的客户画像是指企业对目标市场的目标客户的典型特征描述，如今的客户画像是指将目标客户群体划分成更细粒度的子群体，每个群体间重合度较小，每类子群体的消费需求和行为特征类似，计算机通过打标签的形式标识个体特征并实现子群体的聚类。客户分析中的四个维度，即基础属性、交互行为、业务数据、社交网络，它们共同构成了客户画像。客户画像通过对客户打标签的形式，将所有的特征进行识别并抽象总结，将特征类似的客户聚类。

建设模型体系。在风控场景下，模型算法大体可以分为有监督、无监督和半监督三大类。在信用评估方面，由于事先须有违约和正常样本标签，所以一般采用有监督的机器学习算法。有监督的机器学习算法种类繁多，包括决策树、回归、随机森林、梯度提升算法（GBDT）、神经网络等。传统金融机构多采用基于信贷历史和交易数据的评分卡和逻辑回归模型，优点是模型可解释性强，缺点是没有信贷和交易记录的人不能被评估，同时也就不能向此类客户提供金融服务。金融科技企业为了提升金融服务覆盖面，做客户下沉，在引入互联网数据（社交、网页浏览、App使用、地理位置信息等）的基础上，借助GBDT、神经网络等机器学习的方法，能够做到尽量少的特征工程，最大化数据的价值，从而评估那些没有信贷记录和金融交易记录的客户。另外，在信用风险评估模型中，用户自身的数据厚度决定了信用风险评估的准确度，收集到的用户数据越多，对应的违约风险评估越准确。但现实情况是，所有商业机构获取的用户数据都是不完整的，原因是“数据孤岛”。对于数据稀疏的群体，他们有可能因为数据原因，导致信用风险评估不准，因而享受不到应有的服务，或者影响企业对这部分人群的风险控制。为了缓解这类问题，我们选择通过关系网络来间接地为用户增加数据的丰富度，从而提升模型的性能。

算法模型需要迭代，用一套天才的算法百分百准确地找出“好人”和“坏人”只能是幻想，或许一个被打了很低信用分的客户及时还款了，一个高分客户却反而卷款跑路了，检验算法优劣的核心标准只有一条：“客户后来还款了吗”，算法必须根据预测和实际结果的差别进行调优。所以事实上，客户的借还款的数据，需要实时反馈到数据池中，多个算法模型据此实时优化——哪些维度的指标应当被纳入或清除出模型、客户的哪些行为特质应该被赋予更高的权重、在不同的情形下，哪些算法模型有更高的准确度，这些算法模型更新的频率以“周”计，而即便在传统金融数据化程度极高的美国，一次更新也往往需要六个月。算法模型迭代的工具是决策引擎，主要提供可视化建模、风险决策管理、数据接入管理等功能，可视化建模管理提供一体化的量化风控建模管理，包括从数据清洗、模型训练、模型评估、模型迭代，到模型发布的全过程管理；风险决策管理主要为业务人员提供与信贷业务相关的产品定义、事件定义及策略定义等，同时提供丰富的冠军挑战者（灰度）策略报表，在线对比多组授信策略的表现，根据实际表现自动切换流量，达到授信策略快速迭代和不断地自我更新，从而能够更精准地识别风险，为业务的稳健运营提供支持服务。

（二）人工智能，优化在线客户体验

今天，人工智能正在客户体验领域中带来颠覆性的变化，人工智能

系统能够以类似人类思维的方式理解非结构化信息，但它们不仅可以以更快的速度利用大量数据，还可以从交互中学习。由于人工智能系统具备“看”“听”“说”“感”等能力，可以帮助客户体验团队进入一个新的时代：创造类似于人类自然互动的人工智能驱动体验。

1. 看

在金融领域，让机器代替业务专家或客户专员与客户交流的第一步，是实现像人一样去“看”的能力，最典型的场景就是生物特征识别，利用视频或其他设备获取客户的生物特征，确定客户的身份，展开与客户的交流。目前生物识别最广泛应用的技术是指纹识别和人脸识别。虽然通过可靠有效的身份验证方式证明身份，是解决身份核实问题的最根本的手段，但目前，身份验证在金融行业的实施情况不容乐观，传统的线下面对面的人工审核方式，不仅效率低下而且识别错误率高。而互联网金融的在线验证方式所采用的验证器安全级别低，而且不能确保一定是本人在进行操作。所以，对于金融行业来说，身份认证是开展各项业务面临的首要问题，相对于传统的身份验证方式（如密码、短信、硬token等）及其他的生物识别技术（如虹膜、声纹、指纹等），人脸识别是同时满足三大要素（安全、成本、易用）的最佳解决方案，具有易用性、低成本、安全三大特性。易用性，人脸是人本身固有的生物特征，不会被遗忘，且随身携带，人脸识别可以在非接触和非配合的场景下自然使用，而且用户无须注册人脸，只需要在金融客户端实现与公安网证件照比对就可以完成身份的验证。低成本，人脸识别的设备成本很低，只需要摄像头，目前智能手机普遍自带摄像头的功能，其识别分辨率也足以满足人脸特征提取的要求，通过人工智能的识别比对，可以减少人工审核流程，有效地节省人力成本，而且人脸识别的功能并不受时间、地域的限制，能够节省金融企业建立物理网点的经营成本，如果设置比较严格的人脸识别验证场景，还能提升交易的安全性，降低客户的资金损失。安全性，人脸是唯一属于个人的生物特征，难以伪造，也不会遗失，操作也非常简便，让更多的普通用户和大龄用户能够参与到金融业务场景之中，不用为忘记密码而烦恼。目前，部分互联网公司的人脸识别技术已经非常成熟，使得人脸识别精度超过人类肉眼的识别水平，能够有效证明当前操作者是账户持有者本人。对于金融机构来说，准确性和安全性是最直接的要求，在涉及客户资金变动的场景中，绝对不能出现任何差错，这也需要警醒金融企业在选择人脸识别场景时，能够进行深入地测试，确保人脸识别能力能够达到金融级的准确性和抗攻击性。

在人工智能的“看”的能力方面，还有非常重要的一部分是图像识别，包括图像中的文字识别，比如按照监管要求的理财销售过程的录音录像（双录）业务场景，需要对整个录制过程进行审核，如果能让AI代替人工进行双录审核，能够大大提升审核效率，也能实现从抽检到全覆盖的升级过程，大大提升业务的合规性。双录过程的重要审核点不仅包括对录音内容进行检查，还包括对客户进行身份识别，身份证拍照识别，双录场景背景识别的要求，当我们对录像进行抽帧解析，如果能快速找到包含客户人脸、客户身份证和场景背景标识（logo），再让AI进行智能验证，确保人证脸三合一，这种情况下，才能确保双录过程符合要求。目前，标准化的图像识别能力已经完全成熟并产品化，非常多的互联网公司和金融机构都广泛应用了身份证识别、驾照识别、银行卡识别等功能，并封装为标准的API，方便进行技术对接，一般只需要一两天就能完成图像识别的上线。通过图像识别的机器学习算法，可以大幅减少客户注册账户的流程环节，客户只需拍张照片，就能快速填充身份证或者银行卡等信息，无须客户再手工录入。而在智能双录审核的场景，也可以发挥机器质检功能，实现全视频质检和问题提示，减少不合规问题的发生。

除了看人脸、看证件、看图像之外，AI还具备“看”指纹的能力。指纹识别技术在智能手机上的应用，提高了破解密码的难度系数，为用户营造了更加安全的使用环境。时至今日，指纹识别已成为应用最频繁的技术之一。手机上至各大旗舰产品，下至众多千元机型，都已经标配了指纹识别。指纹识别的安全性虽然不及人脸识别，但其便利性比人脸识别更加强大，客户并不需要举起手机拍照，也不需要进行活体识别的过程，整个验证过程不超过一秒，较好地满足了客户对交易实时性的要求，所以在证券行业，指纹识别比人脸识别有着更加广泛的应用场景，包括找回密码、账户登录等。传统意义来讲，指纹意味着安全，因此移动支付和指纹的相关性越来越强，但是各个手机厂商都推出自己的指纹识别技术的话，会导致指纹识别的标准不统一，强度不统一，安全性也就不统一。

2. 听

在“听”的方面，人工智能能极大地提升客户体验，最核心的能力就是语音识别。语音识别提供将录音文件或者实时音频流转成文字的智能服务，常见场景能够支持普通话、方言、英文等多语种，随着技术发展，还能够在噪音环境下和带背景音的环境下实现高准确度的语音识别，人工智能可以自动分离不同人声，可以快速定制识别中的热词以提升准确度。常见的语音识别服务分为录音文件识别、实时语音识别、一句话识别等多个场景，一般都会以多样化的调用方式实现快速对接，能够在各种不同实际使用场景中做适配。利用智能语音技术，在金融行业进行落地的场景逐渐展开，一般需要配合多种技术进行组合，常见的场景包括客服助手、智能培训和智能双录等。

客服助手场景。由于金融行业业务的专业性，客户经常会遇到各类操作或者业务方面的问题，需要通过客服电话连接人工客服，在客服人员与客户接通通话的同时，AI 能够利用语音技术实现实时的对话内容识别，并根据识别结果实时对客服人员进行提示，帮助客服人员更好地完成整个服务过程。整个过程看似简单，实际上，AI 完成了连续多个动作。首先是在准备阶段根据业务积累预制问答，利用了自然语言处理的技术；其次是在客户来电咨询时，实时监控和翻译客户问题，利用了智能语音识别的技术；再次是识别客户问题后，联想推测相似问题集合，返回答案集合，利用了自然语言处理的技术；最后还包括全流程监督检测客服的过程，即机器自动质检，利用了智能质检的技术。另外，人工智能还能够继续利用优化算法，根据客服助手实际表现的效果进行自动化的助手调优。在客服助手场景，人工智能能够为客服人员提供足够的协助，客服不再需要自己搜索问题和答案，就能得到最匹配的回答方式，客服的回复效率能够提升一倍以上。

智能培训场景：主要是要实现新进客服人员的快速高效培训和上岗，一般新进客服人员仅有两周的时间进行业务学习，但需要学习的内容多且复杂。对于讲师来说，一对一辅导的时间有限，师生数量比例悬殊，也没有足够精力进行单独辅导。对于客服来说，训练强度也非常有限，一般要分角色互换练习，整个过程中，客服付出了双倍时间，但效果却不尽如人意。智能培训机器人在该场景下应运而生，机器人能够为新进客服提供一对一的专属训练,再不需要互换角色的练习方式,每位坐席都拥有专属"机器人"陪练,事半功倍。机器人能够浓缩教师经验,实战优质话术辅助教学,通过对新进客服的考核分析,使得客服的能力特点清晰可见。模拟真实客服场景,引导话术及检验规则能够实现"颗粒化",可复用组合成各种真实业务场景。智能培训场景和客服助手场景相同,使用了多种人工智能技术,包括语音识别、自然语言处理、智能质检,不同的是,还另外使用了智能语音合成技术,以模拟客户声音。

智能双录场景在前文已经描述,在此不再复述,需要特别强调的是,在智能双录场景下,对人工智能技术的原子能力组合更加复杂,除了语音技术、自然语言处理技术等技术之外,还结合了人脸识别、图像识别、证件识别等多项原子能力,可以说是人工智能应用比较复杂的一个场景。目前,其在金融行业处于探索创新阶段。

3. 说

在人工智能"说"的方面,主要利用了语音合成技术,在业界,一般只需要声优在录音棚进行短暂的录音,人工智能就能够根据已有录音随意模拟出各类词、短语、句子和段落的真人发音,能够准确地模仿声优的发音和语音语调,最常见的是地图导航的场景,各类声优轮番出场。而在金融行业,语音合成技术也有比较大的落地空间,除了与智能语音技术相结合人工智能客服助手或人工智能培训助手外,还在客户教育、智能投顾等方面有所应用,大幅缩短人工录制的时间,提升了录制的效率,比如推出虚拟人物的投资顾问等服务,提升客户收听的趣味性。模拟的声音不会出现口误、错读、忘词等人工服务容易出现的失误,在现在互联网直播和短视频流行的状态下,可以进行深入的研究和应用。

4. 感

在人工智能"感"的方面,也利用了大量新人工智能技术。金融类的 App 存在这样的悖论,一方面需要极佳的客户体验来留住客户,另一方面又不能放宽安全保护等级以免造成客户资产的损失。如何才能达成体验和安全的完美平衡,就需要大量的数据支持,既用数据驱动体验,又利用数据实现安全防控。比如,利用移动设备的基本信息和所处的环境信息,动态判断用户登录的风险情况,找到冒用、盗用、模拟器等特殊的情况，配以响应的处置手段，同时基于这些信息建立可信数据体系，客户在可信的环境、可信的设备上登录可信的账户，则可以简化身份验证的流程，达到快速登录、快速交易的目的，让客户获得流畅的使用体验，这整个过程都离不开数据的获取、整合、实时分析和输出的能力，支持包括设备指纹、可信体系，以及增强现实等技术。

（1）设备指纹。其能全面提升移动安全的防护能力，通过移动端嵌入设备指纹 SDK（software development kit），可以获取操作设备的多重属性，为每台操作设备建立一个全球唯一的设备 ID。该设备 ID 就相当于这个设备的指纹，不论这个设备使用何种应用或是在何地，都能够唯一确定该设备。使用设备指纹技术，同时结合数据中台强大的分析能力，可以精确分析出一个设备上的所有用户的操作行为，发现多用户之间的关联情况，逐渐描摹出用户主体的行为轨迹。通过设备指纹技术，更容易发现用户的恶意行为，准确追踪定位风险产生的用户主体及关联的所有用户，及时发现风险，控制风险，减少损失。设备指纹具有唯一性（唯一 ID）、还原性（可以举证）、独特性（利用独特的算法）、通用性（全网 ID 打通）。移动端设备发生以下情况时，设备指纹都能够保持稳定和唯一：更换 SIM 卡、网络切换（WiFi 切换）、App 卸载后重装、更换系统语言、系统升级、App 覆盖安装、手机重启、恢复出厂设置、权限控制、刷机等。

（2）可信体系。其是建立互联网端安全管理和客户体验平衡能力的关键点，可信体系借助用户设备和用户行为建设一整套的可信规则体系。可信是指两主体间的强依赖关系，如同一用户的账户和机器设备的关系；主体间的可信不仅可以过滤出相对安全的交易，更能够避免对交易造成过度打扰，让风险的识别更加聚焦。

（3）增强现实技术，简称 AR。它是一种实时计算摄影机影像的位置及角度并加上相应图像、视频、3D 模型的技术，这种技术的目标是在屏幕上把虚拟世界套在现实世界并进行互动。与 VR 相比，AR 技术对设备的要求并不高，随着随身电子产品 CPU 运算能力的提升，增强现实技术的用途越来越广。目前，其主要的应用领域是趣味性游戏，在金融行业也可以考虑结合趣味性游戏，利用增强现实的技术实现业务层面或运营层面的突破，成为主要业务的辅助功能，协助保证 App 端的持续活跃。

五、客户数字体验

(一)建立完整的数字化客户旅程

在获取客户阶段,相关企业要注重渠道推广和活动运营,建立全渠道的数字化入口,通过各种线上、线下、社交媒体、搜索、小程序等新渠道获取新用户,特别强调首次注册和专享产品,如首单免费、代金券、红包等营销方式,引导客户注册。在客户激活阶段,相关企业要重视推广渠道的质量,重视 App 的流畅度等体验,采用游戏化、内容化的方式提高用户参与活跃度,重点关注日活跃(DAU)、月活跃(MAU)等指标。在留存客户阶段,安全感、收益高、返回多是提高用户留存的重要因素,相关企业要建设权益体系,提高用户资产的在账实践及提供用户投资金额。在获取收入阶段,相关企业要建立精准营销推荐机制,用数字化营销的方法,提升金融产品的交叉销售,提升客户日交易次数和活跃度;自传播阶段,如果用户觉得这个产品不错,可能推荐给身边的人,相关企业也可以通过红包等激励手段鼓励客户将产品介绍给他人。

(二)建设数字化运营分析工具

建设数字化运营分析工具,综合运用各类数据分析方法,能够发现提高客户体验的方法和客户增长的规律。

1. 漏斗模型

漏斗模型是用于衡量转化效率的工具,因为客户整体生命周期从开始到结束的模型类似一个漏斗,因此而得名。漏斗分析要注意两个要点:第一,不但要看总体的转化率,还要关注转化过程中每一步的转化率;第二,要关注不同客户分组、群体的转化率。

例如,某些应用注册流程采用邮箱注册的方式,注册转化率一直很低,通过漏斗分析发现,主要流失在“提交验证码”的环节。

经过了解发现,邮箱验证非常容易出现注册邮箱收不到邮件的情况,原因包括被邮件代理商屏蔽、邮件含有敏感字被归入垃圾邮箱、邮件送达时间过长等。既然有这么多不可控因素影响会注册的转化率,那就换一种验证方式。换成短信验证后，总体转化率就提升了。

再例如，在注册用户向激活用户（首次购买产品）转化的环节，以红包、代金券的方式引导用户购买产品，在总营销费用有限的情况下，如何在总体预算内，尽可能提高用户的激活率，就需要采用数据分析的方式，对不同客群进行细分，动态调整营销策略。

2. 用户分群

用户分群主要有两种分法。第一种是根据用户的维度进行分群，比如从地区维度分，有北京、上海、广州、杭州等地的用户；从用户登录平台进行分群，有电脑端、平板端和手机移动端用户。第二种根据用户行为组合进行分群，比如每周在社区签到三次的用户与每周在社区签到少于三次的用户的区别。用户分群要与漏斗模型、留存分析等其他工具一起使用，主要对特殊的人群进行数据分析。

3. 留存分析

留存，顾名思义，就是新用户留下来持续使用产品的意思。衡量留存的常见指标有：次日留存率、7 日留存率、30 日留存率等。我们可以从两个方面去分析留存，一个是新用户的留存率，另一个是产品功能的留存。

以社区网站为例，“每周签到三次”的用户留存率明显高于“每周签到少于三次”的用户。签到这一功能在无形中提升了社区用户的黏性和留存率，这也是很多社群或者社区主推这个功能的原因。

4. 用户跟踪

正如前面所说的，用户行为数据也是数据的一种，观察用户在特定产品内的行为路径是一种非常直观的分析方法。在分群用户的基础上，一般抽取 3 ~ 5 个用户进行细查，即可覆盖分群用户大部分行为规律。

第三节　金融科技的未来发展

在不久的将来，金融科技的优势将得到更进一步的发挥，将为金融发展不平衡、不充分问题的解决提供多样性的手段。从整体发展趋势来看，金融科技行业结构已经进入了优化期，数字经济所具备的强大的引擎功能将持续显现出来。

未来,数字信息和知识将成为非常关键的生产要素,以数字技术创新为核心驱动力将成为时代特征。随着金融科技的不断发展,数字技术和实体经济的融合将更为深入,传统产业的智能化和数字化水平将不断提高。

金融科技的发展趋势主要表现在以下几个方面。

一、以金融科技赋能的B端将成为主流商业模式

将来,最为主流的商业模式将是由金融科技企业为B端(企业,Business)赋能,为C端(消费者,Customer)提供服务。随着人口红利的下降,产品需求的迭代升级,以及越来越白热化的竞争,C端获得客户的成本不断增加,企业在盈利和市场拓展方面的能力和空间不断下降。而将B端作为客户目标的企业,由于客源较为稳定等原因,逐渐脱颖而出,B端通过金融科技赋能所获得的未来成长性和收益都要强于C端。因此,以金融科技赋能的B端将成为未来主流的商业模式。

二、"强监管"将成为常态,依靠新型科技监管将成为主流

对于金融科技来说,"强监管"将成为常态,依靠新型科技监管的模式将成为主流。随着金融科技的快速发展,对其的监管将日趋严格。金融机构在新技术环境下面临着七大金融风险——信用风险、操作风险、市场风险、流动性风险、合规风险、声誉风险和系统性风险,会以更具隐蔽性、波动性和挑战性的形式展现。所以,对金融加强监管,促使金融脱虚向实,是金融科技未来发展的主要方向。而监管科技作为一种新型的监管方式,具有很大的发挥空间,因其所具有的前后端呼应、实时追踪、技术调控等特点,既能够顺应金融和科技的发展趋势,同时又具有较强的落地性和突出的效果。

三、技术将引领金融科技纵深发展

当前,金融科技在全球范围内蓬勃兴起,以大数据、人工智能、云计算、区块链等为代表的新一代信息技术全面渗透到诸多金融细分领域,

正在改变和重塑金融业态。党的十九届四中全会作出坚持和完善中国特色社会主义制度、推进国家治理体系和治理能力现代化若干重大问题的决定，从战略和全局的高度对社会主义基本经济制度作出重要新概括和重大决策部署，为做好金融科技工作、健全完善金融体系指明了方向。面向未来，金融业要秉持“守正创新、安全可控、普惠民生、开放共赢”的原则，切实抓好科技在金融领域规范应用，推动金融科技高质量发展，增强人民群众对数字化、网络化、智能化金融产品和服务的满意度。

四、金融科技的不断发展将给银行业带来更大冲击

过去几年，银行、金融科技初创企业和第三方服务公司一直在合作推出新的应用和服务。对于银行业来说，转型为开放银行将成为其未来发展过程中的必经阶段。很多大银行都在创建自己的 API，并同小型金融科技初创企业合作，整合创新技术。未来，金融科技的不断发展会使传统垂直整合的银行价值链不断碎片化，金融脱媒趋势越来越明显，转型开放银行将成为银行业应对金融科技冲击的重要策略。

五、对金融科技人才要求更高，需求更旺盛

对于金融科技来说，人才紧缺是其面临的问题之一。金融科技的飞速发展以及相关专业人才缺乏，使得金融科技人才的需求面临很大的缺口。对于金融科技企业来说，人力资本成为其在竞争中获得优势的重要因素。

随着金融科技进行到结构优化阶段，其对复合性、专业性、实战性人才的要求更高，市场对相关专业人才的需求也变得更加旺盛。

第三章　经济高质量发展概述

经济高质量发展是党的十九大以后我国关于经济发展研究的一个热门话题。经济高质量发展追求更高的产品质量或服务品质、更和谐的环境、更少的资源与能源消耗、更高的技术含量和更为有效的产业政策与制度相融性，这种经济发展模式不仅是我国经济发展自身的要求，也是国际经济发展的共同追求。本章主要对经济高质量发展的基础理论及基本情况展开阐述与分析，主要内容包括经济高质量发展的内涵、特征、测度及中国经济高质量发展的实践和困境。

第一节　经济高质量发展的内涵与特征

一、经济高质量发展的内涵

党的十九大报告描绘了中国经济的未来发展蓝图，并作出了我国经济已由高速增长阶段转向高质量发展阶段的重大判断。习近平总书记在2017年12月6日召开的中共中央党外人士座谈会上指出，实现高质量发展，是保持经济社会持续健康发展的必然要求，是适应我国社会主要矛盾变化和全面建设社会主义现代化国家的必然要求。2017年12月8日，中共中央政治局召开会议，分析研究2018年经济工作会议期间，习近平总书记强调，推动高质量发展是当前和今后一个时期确定发展思路、制定经济政策、实施宏观调控的根本要求。

高质量发展是对经济社会发展整体质量和效益状况的描述，是能够很好满足人民日益增长的美好生活需要的发展，是体现创新、协调、绿色、开放、共享发展理念的发展，是生产要素投入少、资源配置效率高、资源环境成本低、经济社会效益好的发展。①

二、经济高质量发展的特征

（一）投入产出效率和经济效益不断提高

市场经济运行的基本规律是价值规律，以最小的费用投入而取得最大的效益（产出）是价值规律的本质要求。将各种生产要素（劳动、土地、资本、资源等）的投入产出效率不断提高，并促进微观主体的经济效益不断提升，这是经济高质量发展的重要标志。经济效益提高的范畴还包括劳动就业取得的经济收入提升、国家税收增加、职工收入水平提高以及企业经营效益提升等。

（二）商品和服务质量持续提高

经济高质量发展既有关于增加数量的要求，也有关于提高质量的要求，数量和质量缺一不可。随着现代社会的进步和人民生活水平的不断提高，人民群众的生活需要日益增长，因此要将更多新产品和好服务提供给人民群众，使大众不断增长的需求得到满足，包括个性化需求、多元化需求以及随时代变化而不断升级的需求。此外，还要对新的消费领域和方式加以开发与设计，丰富和改善人民的生活，同时促进产业结构的积极调整和供给体系的不断完善。如此相互促进的良性循环机制会推动人民群众走向幸福的生活，也将推动社会生产力的不断发展与提高。

（三）资源配置机制比较完善

在经济高质量发展时期，我国依然要像过去几十年一样坚持以改革为动力。我国经济发展存在不充分、不平衡的问题，生产力发展水平有限是主要原因，此外还有资源配置机制存在弊端这一原因，这是部分领域经济发展不平衡的重要原因。要推动经济高质量发展，就必须加强对市场经济体制的健全与完善，充分发挥市场在资源配置中的重要作用，

① 兰建平．跨越区域经济高质量发展[M]. 杭州：浙江大学出版社，2020.

在政府宏观调控和市场调节下共同提高资源配置的效率。

（四）经济重大比例关系协调、循环顺畅，经济在低风险区间运行

国民经济空间布局合理、重大比例关系协调、各环节(生产、流通、分配、消费)循环顺畅等是经济高质量发展的重要特征与要求。为满足这些要求，需要注意以下几点。

第一，改善政府职能，充分发挥政府的宏观调控作用，做好国家战略规划，发挥导向作用，促进经济政策协调机制的完善，如财政政策、货币政策、产业政策等。

第二，对现代财政制度予以建立，并不断健全和完善，对地方政府隐性债务风险予以控制。

第三，进一步深入改革金融体制，促进金融监管体系的健全，促进直接融资比重的提升和宏观杠杆率的稳定，严格防止系统性金融风险的发生。

（五）形成全面开放的新格局

经济高质量发展离不开高水平的对外开放，这是非常重要的发展动力。改革开放 40 多年来，通过对外贸易、投资以及对外资的引进使我国经济的发展实现了历史性的跨越。但需要注意的是，目前我国还没有从根本上解决出口产品质量、档次和附加值都比较低的问题，尤其是其他发展中国家低成本竞争和发达国家再工业化的双重挑战，使我国渐渐失去了传统竞争优势。对此，我国必须坚持改革开放的战略方向，主动走出去，积极引进来，如此才能在复杂的国际竞争环境中占据一席之地。我国在改革开放中要充分打开全面开放的新格局，促进开放型经济发展层次的提升，建设贸易强国，并对外商投资环境予以改善，从而达到经济对外发展的高质量要求。

（六）创新成为第一动力

在新时代，理论创新、制度创新、文化创新、科技创新已然成为世界经济发展的重要动力。一个国家的创新能力直接影响其国际竞争力，尤

其是科技创新,它对经济发展的重要性不言而喻。科技是第一生产力,在生产要素的改革中融入科技元素,可以获得超乎想象的效应。经济发展质量随着科技对经济发展贡献率的增加而提升。

（七）全民共享发展成果

我国推进经济高质量发展,是为了引领人民群众创造美好生活,让广大人民群众走向幸福的未来。但现阶段我国民生领域还有很多重要的问题有待解决,如农村贫困人口的脱贫问题、城乡经济发展的不平衡问题、居民收入差距问题、公共设施存量少以及公共服务无法满足人民现实需要的问题,等等。既然经济高质量发展根本上是为了让人们过上美好生活,那么国家的任何发展成果都应该被所有人民公平共享,如此才能将人民群众的积极主动性、创造性调动起来,形成强大的动力来进一步推动经济高质量发展。

（八）绿色生产生活方式不断普及

当今世界,绿色发展是势不可挡的潮流,世界人民追求美好生活,其中就包括对绿色生活的追求。绿色发展是经济高质量发展的重要标志,也是我国经济可持续发展的内在需要。当前,我国生态环境建设存在很多问题,如环境污染严重、大量的资源消耗与浪费、生态环境严重受损、对环境资源的不当利用甚至已经达到了环境承载力的极限等,这些问题也是我国社会主义现代化建设中的主要障碍。对此,我国必须继续强调绿色发展理念,引领人民深入理解“绿水青山就是金山银山”的真正含义,坚持科学发展观、可持续发展观以及绿色发展观,并综合治理各种环境污染和环境破坏问题,恢复生态环境的本来面貌。同时要向全民普及绿色环保的生活理念,使全国人民携手共建绿色家园,共建美丽祖国。在经济发展中,我国要践行绿色生产理念,促进经济高质量发展。

第二节 经济高质量发展的测度

对经济高质量发展情况进行客观衡量与全面评价,有利于我们正确地认识与把握我国经济发展的实情,而相关人员更要在此基础上,从实际出发去制定科学发展的政策、推动工作。目前,我国理论界已经开展了关于构建经济高质量发展的指标体系的研究,并取得了一定的成果。本节主要分析理论界对经济高质量发展评价指标体系的研究结果。

一、经济发展质量评价的思路

构建经济发展质量评价指标体系,可以从经济发展的有效性、充分性、协调性、持续性、创新性、稳定性和分享性等七个方面出发。

(一)经济发展的有效性

经济发展的有效性指的是经济发展效率,也就是投入与产出的关系。主要指标包括劳动生产率、投资产出率等。

(二)经济发展的充分性

经济发展的充分性指的是经济发展潜能的利用程度,如现有经济资源是否有效利用、在经济发展中是否形成了新的生产能力。主要指标包括经济增长率、生产能力利用率等。

(三)经济发展的协调性

经济发展的协调性是经济发展质量的关键,指的是产业结构、区域结构、贸易结构等经济结构的协调程度。主要指标有产业结构比、城市化率、对外开放指数。

（四）经济发展的持续性

经济发展的持续性指的是经济持续发展的能力，主要表现为资源、环境承载经济长期发展的能力。主要指标包括资源供求系数、环境质量成本变化率等。

（五）经济发展的创新性

经济发展的创新性指的是经济发展中技术创新的作用，主要指标包括高技术产业增加值占 GDP 的比重、专利授权指数等。

（六）经济发展的稳定性

经济发展的稳定性是经济健康发展的基础和提高经济发展质量的重要保证，具体是指国民经济运行的平稳状况，主要指标有经济增长波动率、价格指数波动率。

（七）经济发展的分享性

经济发展的分享性指的是经济发展对脱贫、提高人们生活质量的作用，也就是经济发展的结果，主要指标有居民收入增长率、恩格尔系数和城乡居民收入比。

二、质量型经济增长的评价

（一）经济高效增长的判断标准

经济增长数量与经济增长质量不是两个问题，而是一个问题的两个方面。目前国内外经济增长理论普遍比较注重研究经济增长数量，对经济增长质量的研究并不多。而国内外，在对我国经济增长数量的研究中，绝大部分研究者主要通过分析经济发展要素来指出我国在一定时期内人民的收入水平，侧重于对经济增长来源和数量的分析，而关于经济增长质量标准的探讨则微乎其微。经济高质量发展应该是经济增长数量与经济增长质量的协调统一发展，其中数量是基础，数量与质量的协调发展是目标。我国在提高经济增长质量的过程中，不仅要对数量增长予以关注，还要对质量增长及经济发展前景予以重视。我们要通过提高生产效率、优化产业结构、促进经济稳定发展、改善民生福利分配、降低生态环境代价、提高创新能力等多个方面来促进经济增长质量的提高与改善。此外，想要提高经济增长质量，还要对经济短期增长效益和长期增长效益的统一性予以关注。质量型经济增长理论对提高经济增长质量具有理论指导意义，我们要在经济系统、社会政治系统以及环境系统的耦合的基础上不断完善质量型经济增长理论，充分发挥该理论的指导作用。

建立质量型经济增长的价值判断标准，要以经济增长的有效性、高效性为核心，具体包括下列几个标准。

1. 增长代价最小化

在现有条件下，以最小的增长代价实现最大程度的增长。

2. 产出效率最大化

以集约型增长方式为主，提高生产效率和效益。

3. 产业结构高级化

通过产业结构的调整、优化、升级，促进经济增长，构建二者相互影响和相互作用的良性循环机制。

4. 经济运行平稳化

经济增长率波动的次数少、幅度小。

5. 社会福利最大化

经济增长后，最大限度地提升了社会福利水平，改善了社会整体福利，公平、公正地分配社会福利。

（二）地方经济增长质量评价指标

理论界通过研究总结出地方经济增长质量测评的 6 项一级指标和 30 项二级指标，见表 3-1。

表 3-1 地方经济增长质量评价指标①

一级指标	序号	二级指标
经济增长的稳定性	1	经济增长的波动率
	2	通货膨胀率
	3	失业率
经济结构	4	第二产业增加值占地区生产总值比重
	5	第三产业增加值占地区生产总值比重
	6	城镇化率
社会总需求	7	最终消费率
	8	资本形成率
	9	净出口率
科技进步	10	R&D 研究与开发经费支出占地区生产总值的比重
	11	科技活动人员中科学家和工程师的比重
	12	地方财政科技拨款占地方财政支出比重
	13	每万人发明专利授权数
	14	技术市场成交额
资源环境	15	万元地区生产总值能源消耗
	16	万元地区生产总值水资源消耗
	17	亿元地区生产总值建设用地量
	18	工业废水排放量
	19	工业废气排放量
	20	工业固定废弃物排放量
	21	工业二氧化硫排放量
民生改善	22	人均 GNI（国民总收入）
	23	城乡人均收入比值
	24	城镇居民人均可支配收入增长率
	25	农村居民人均纯收入增长率
	26	财政性教育经费占地区生产总值比重
	27	每万人高等学校在校人数

① 广东省社会科学院．跨越关口：在构建推动经济高质量发展的体制机制上走在全国前列 [M]. 广州：广东人民出版社，2018.

续表

一级指标	序号	二级指标
民生改善	28	万人拥有医生数
	29	万人拥有病床数
	30	参加基本养老保险职工人数占总人口数比重

三、经济内部以及经济与社会之间协调状态的评价

理论界主要从经济发展质量评价指标体系构建的思路出发而构建经济内部以及社会之间协调状态的评价指标体系，包括 7 项一级指标和 21 项二级指标，见表 3-2。

表 3-2 经济内部以及社会之间协调状态的评价指标[①]

一级指标	序号	二级指标	目标
经济发展的有效性	1	劳动生产率	把经济发展转移到提高劳动者素质的轨道上来
	2	投资产出率	提高固定资产投资的科技水平和优化投资结构
	3	贷款产出率	有利于提高有限资金的使用效益
	4	耕地产出率	提高耕地质量，确保农产品特别是粮食安全
经济发展的充分性	5	经济增长率	更直接、更准确地反映经济发展状况
	6	就业弹性率	从劳动就业变化角度来衡量经济发展质量状况
	7	生产能力利用率	指标越接近百分之百，说明生产能力利用越充分
经济发展的协调性	8	产业结构比	提高各产业发展的协调性，保持各产业之间的协调与均衡
	9	城市化率	优化城乡经济结构，促进国民经济良性循环和社会协调发展
	10	对外开放指数	有利于增强经济发展的竞争能力，提高经济发展对外的协调性

① 广东省社会科学院．跨越关口：在构建推动经济高质量发展的体制机制上走在全国前列 [M]．广州：广东人民出版社，2018.

续表

一级指标	序号	二级指标	目标
经济发展的持续性	11	资源供求系数	节约和高效利用资源，促进资源供求平衡
	12	单位产值能源消耗量	有利于加强能源管理，提高能源的使用效率
	13	环境质量成本变化率	尽量减少对环境的破坏，并对被破坏的环境尽快进行恢复
经济发展的创新性	14	研究与开发投入占 GDP 比重	加大研究与开发经费投入，使经济在不断创新中得到高质量的发展
	15	高技术产业增加值占 CDP 比重	促进科技成果产业化，使技术创新更好地服务于经济发展
	16	专利授权指数	增强自主创新能力，努力掌握核心技术和关键技术
经济发展的稳定性	17	经济增长波动率	将经济波动控制在适当的范围之内，保持国民经济的平稳发展
	18	价格指数波动率	保持价格总水平的基本稳定，促进国民经济持续稳定发展
经济发展的分享性	19	居民收入增长率	有利于更好地满足人民群众日益增长的物质文化需要，提高他们的生活水平，实现国家经济发展的根本目标
	20	恩格尔系数	使经济发展更多地关注居民生活质量
	21	城乡居民收入比	客观、直观地反映和监测城乡居民之间的贫富差距，预报、预警和防止居民之间出现贫富两极分化

第三节　中国经济高质量发展的实践

经济始终是一个国家赖以生存和发展的重要基础，我国凭借经济的高速发展全面建成了小康社会。而经济的发展需要保持活力、创新力和竞争力，这就需要经济高质量发展。对于经济高质量发展，我国已经经过了多年尝试。本节介绍中国经济高质量发展现状，然后以广东和湖北为例分析中国经济高质量发展的具体实践。

一、我国经济高质量发展现状

党的十九大提出，中国经济已由高速增长阶段转向高质量发展阶段，正处在转变发展方式、优化经济结构、转换增长动力的攻关期。2018 年 7 月 16 日，国家统计局公布数据显示，上半年国内生产总值为 418 961 亿元，同比增长 6.8%。此后，各省市也陆续亮出了上半年的 GDP“成绩单”。总体来看，中国经济正在逐渐迈向高质量发展阶段。

（一）主基调稳中向好[①]

从各省份的经济总量来看，“稳中向好”是主基调。和 2017 年同期数据相比，总量前十名的名单没有变化，依旧是广东、江苏、山东、浙江、河南、四川、湖北、河北、湖南和上海市。但排名略有变化，河北被四川和湖北赶超，排名下降。其中，多数省份经济规模迈上新台阶。广东和江苏突破四万亿大关。紧随其后的山东省上半年 GDP 为 39 658.06 亿元，接近四万亿。2017 年，我国有 14 个省份上半年的 GDP 跻身“万亿俱乐部”，2018 年又新增了陕西和江西。

从各省的经济增速来看，变化明显。增速跑赢全国平均速度的省份从高到低依次为贵州、西藏、云南、江西、陕西、安徽、福建、四川、河南、湖北、湖南、宁夏、浙江、广东、江苏以及上海市。北京市与山西省增速与全国持平。其中，贵州一枝独秀，上半年 GDP 增速达到 10%，为全国最高。西藏以 9.8% 的增速位居第二，云南以 9.2% 的增速位居第三。

从地区格局来看，一是东部和中部地区经济稳中有进。这些省份整体表现稳健，基本都跑赢了 6.8% 的平均水平。二是西部地区表现突出。上半年 GDP 增速前三位都是西部省份，而且贵州也是全国唯一一个实现两位数增长的省份。三是东北经济趋稳回升。近几年，东北一直是全国经济增速最缓慢的区域，尤其是辽宁经济一度出现负增长，但这一情况在 2018 年出现了改变。尽管东北三省的经济增速依然靠后，但已经出现了趋稳回升的迹象。

① 数据来源：王艺璇 . 迈向高质量发展的中国地方经济 [J]. 中国经济报告，2018（09）：4-5.

传统的宏观经济学理论将经济增长视为由投资、消费和出口“三驾马车”驱动。三者的结构比例、此消彼长以及内在构成决定了经济发展的质量和效率。结合上半年的全国和地方经济数据，可以看出以下趋势。

消费支出已成为中国经济发展的主要动力。截至2018年上半年，最终消费支出贡献率上升至近9年以来的最高点78.5%。更值得注意的是，自2016年4月以来，社会消费品零售总额增速连续28个月超过固定资产投资增速，表明投资和消费结构优化的态势仍在延续，消费对宏观经济的“稳定器”作用将进一步发挥。地方消费数据充分反映了居民收入增长的提振作用。上半年，福建、安徽、四川、湖北和云南等省的消费增长居于全国前列，增速均超过11%。与之对应的是，上述省份上半年居民人均可支配收入增速也在全国领先，增速均超过9%，而同期全国平均增速为8.7%。从具体构成看，消费支出中很重要的一部分是服务消费。比如，得益于一系列“提速降费”措施的实施，信息消费成为各地消费增长的热点。上半年广东移动互联网期末用户达1.5亿户，移动互联网接入流量同比增长178.6%；湖南电信业务总量同比增长162.2%，增速较上年同期高120.2个百分点。

出口曾经是拉动中国经济增长最重要的因素，现在出口的作用依然重要，特别是在中国东部沿海和外向型经济省份。2017年，江苏、浙江和广东三省出口增速普遍由负转正，分别较上年大幅提高19.6、10.2和10.9个百分点。虽然有2017年高基数的影响，但2018年上半年的出口增速依然保持高位，稳中有升，其中江苏和浙江两省较2017年增速分别上行1.6、6.7个百分点，广东省出口增速基本稳定。

2018年以来，各省按照推动经济高质量发展的要求，积极调整经济结构并深入推进新的经济政策，在这一过程中，新旧动能转化持续加快且亮点纷呈，逐步实现了质效并重的经济发展目标。

（二）经济高质量发展任重道远

我国经济发展虽取得巨大成就，但仍存在经济发展不平衡、不充分，经济发展的质量和效益不高等问题与发达国家仍有明显差距。

1. 微观层面：产品和服务质量不高

高质量的产品和服务是人们过上更高质量生活的物质基础，为满足人民日益增长的中高端需求，相关人员必须提升供给体系质量，以提供更好的产品和服务。当前，人们最关心的食品、药品、婴幼儿用品等涉及人身安全的产品，大部分还没有建立完善的生命周期质量安全追溯体系，产品质量不合格在广泛领域都还普遍存在。比如，本最应看重质量的制药产业，国产药物中 97% 为仿制药，与国际上药品质量差距明显。有数据显示，国产药不合格率比进口药高 48 倍，全国 4000 多家药企中，通过欧美质量体系认证、达到国际标准的制剂企业仅占 2% 左右。高质量发展在微观层面就是要回应人民最关切的质量问题，并为人民提供更高质量的产品和服务。

2. 中观层面：产业价值链处于中低端

我国制造业大而不强，从全球制造业产业链分布来看，我国无论是在传统工业领域，还是在战略性新兴产业领域，产业定位上还是普遍以加工、装备为主，依靠低成本的价格优势为主要竞争手段，始终处于“微笑曲线”底部，产业链两端价值链更高的设计、研发、金融等环节的盈利能力明显不足，缺乏服务理念的商业模式创新。近年来，我国制造业附加值增加值率约为 20%，远低于发达国家 35% 的水平。高质量发展就是要延长产业链，走出“微笑曲线”底部，迈向全球价值链中高端。

3. 宏观层面：全要素生产率水平较低

当前，主要发达国家增长动力的 70% 以上均来源于以技术进步为主体的全要素生产率，我国以关键基础材料、核心基础零部件、先进基础工艺和产业技术基础为代表的“四基”，长期以来依赖进口，自主研发能力还不强，与发达国家相比还有很大差距，我国全要素生产率只相当于美国 43% 的水平。高质量发展就是要在宏观层面提高全要素生产率，向科技创新、技术进步、科学管理、人力资本素质提升的目标迈进，提高全要素生产率对经济增长的贡献。

二、广东省经济高质量发展实践

党的十九大把习近平新时代中国特色社会主义思想作为中国发展的行动指南，确定了分两步走建成社会主义现代化强国的宏伟目标，明确了未来几年中国的经济政策方向。习近平总书记在参加十三届全国人大一次会议广东代表团审议时要求：广东要在构建推动经济高质量发展的体制机制、建设现代化经济体系、形成全面开放新格局、营造共建共治共享社会治理格局四个方面走在全国前列。“四个走在全国前列”的具体含义如下。

构建推动经济高质量发展的体制机制：这是关系到社会、经济、科技各个方面的全局性、根本性的问题，要求广东经济领域一定要走高质量发展的道路，要在落实新发展理念方面结出丰硕成果。

建立现代化经济体系：这是跨越关口的迫切要求，希望广东能引领世界科技革命和产业变革潮流。

形成全面开放新格局：这是期望广东要有全球战略眼光，要善于统筹国内国际两个大局，利用好国际国内两个市场、两种资源。

营造共建共治共享社会治理格局：这是以人民为中心的发展思想，坚持把人民利益摆在至高无上的地位，让改革发展成果更多更公平地惠及全体人民。

习近平总书记对广东提出“四个走在全国前列”的新要求，是习近平总书记赋予广东在新时代的新使命，是习近平新时代中国特色社会主义思想对广东的殷切期望和要求，是广东全面建成小康社会，实现“两个一百年”奋斗目标的新启程。广东作为全国经济发展中的重要组成部分，必须围绕上述目标，深入学习和领会习近平总书记的重要讲话精神，提高政治站位，积极推动经济向高质量发展转变。充分体现了中国共产党建党的根本目的和共产党人的初心和使命。在新的历史起点上，我们要实现中华民族的伟大复兴，就一定要按照习近平总书记的讲话精神，以新的更大作为，为开创广东工作新局面提供更多、更科学的数据支撑。①

（一）广东省经济高质量发展的必要性和可行性

1. 广东缺乏经济高速增长的持久动力

改革开放以来，广东经济迅猛发展，经济总量达到一定高度，但继续

① 杨少浪．积极推动广东经济向高质量发展转变[J]．广东经济，2018(06)：47-49.

发展的潜力和空间变小了,缺乏继续高速发展的持续动力。下面具体分析广东经济高速增长动力不足的原因及表现。

广东经济前几十年高速发展与其投入较多资源要素有直接的关系,在短缺经济的背景下,这种发展方式满足了市场需求,有助于提高经济发展的速度,保证产品的充分供给。但这种经济发展方式属于粗放型模式,特点是粗放、劳动密集、水平低。所以在金融危机爆发后,这种传统经济增长模式的弊端逐渐突显,导致广东经济增长点明显萎缩。

在广东经济高速发展时期,经济增长依赖于高消耗和高污染产业、低附加值产业,这些粗放型产业所占的比重较大,而具有国际竞争力的密集型产业,如高附加值产业、绿色低碳产业所占的比重较少。广东产业结构的不合理造成了资源的浪费,严重污染了环境,因此限制了经济增长潜力,影响了经济增长的长期效益。

在广东经济发展过程中,相关人员缺乏良好的科技创新能力,这是造成发展动力不足的一个主要原因。广东主要以投资拉动经济增长,居民消费对经济增长的贡献较少。广东第二产业的发展以粗放型生产方式为主,投入大,附加值低,缺乏创新,尤其是技术创新,从而导致工业增加值率偏低。

在广东经济发展的众多影响因素中,人口红利没有了以往的明显优势,生产效率低下,主要通过各种生产要素,如资源、廉价劳力的大量投入而实现粗放型增长。与此同时,低成本资源要素的供给大幅度减少,部分资源枯竭,劳动力资源面临"常态性短缺"的问题,增加了劳动力成本,影响了广东经济持续增长的动力。

鉴于广东经济增长动力不足的问题,广东必须转变经济增长方式,加强技术创新,提高生产效率,获取持续高速增长的新动力,从而实现可持续发展的长远目标。

2. 广东具备经济高质量发展的条件

在我国经济高质量发展的战略背景下,广东之所以要走在全国前列,很大原因在于广东已经初步具备了经济高质量发展的条件,具体表现在以下几个方面。

第一,由于地理位置的优越性,在我国实行改革开放之初,广东经济先行一步,经过几十年的发展,物质基础已变得十分雄厚,并集聚了充沛的活力。广东作为我国第一经济大省，现阶段经济依然平稳发展，地区生产总值连续几十年位居全国首位，形成了明显的经济优势，在我国的经济地位牢固不可动摇。

第二，广东实体经济一直都呈现出健康平稳的发展趋势，而且广东也加快培育新动能，取得了良好的成果。我国提出创新驱动发展战略后，广东省第一时间启动并实施该战略，积极调整经济结构，取得了一定的成效。此外，广东深入推进供给侧结构性改革，增强经济稳定、健康和可持续发展的能力，从而打好了经济高质量发展的基础。

第三，广东在经济体制方面拥有一定的优势。作为率先走改革开放之路的经济大省，广东经济发展理念先进，有比较健全和灵活的经济机制，开展了很多市场化水平高且具有国际化特色的经济活动，积累了大量的市场主体，在全国经济领域都保有较强的竞争力。此外，地方政府发挥职能，为市场经济的发展提供指引，并合理干预，从而为广东经济高质量发展提供了优势。

（二）广东省经济高质量发展取得的成效

习近平总书记对广东提出“四个走在全国前列”的新要求后，广东积极响应国家号召，致力于推动经济高质量发展，为此做出了全方位的努力，也取得了一定的成效。广东积极健全和落实经济发展制度，为经济高质量发展创造良好的制度环境，而且加快改革的全面化、深入化发展，在供给侧结构性改革方面做了大量的有效工作，并注重技术创新，将创新作为第一动力，通过创新攻破发展难关，走出发展困境，形成经济持续增长的新动力。此外，广东在推动经济高质量发展的过程中，将动力、空间、质量、效益、环保等指标综合起来，全方位考虑发展规划，并积极改善产业结构，提高产品和服务的质量，实现产品与服务的供给平衡。这些措施都有效地推动了经济高质量发展，具体体现在以下几方面。

1. 产业结构趋于优化，不断升级

广东为推动实体经济产业结构的优化升级及高端化变革做了很多努力，这从广东制造业的发展中能够充分反映出来。广东这几年积极致力于对先进装备制造业集群（新能源汽车、母机制造业、高端海工装备

等）的打造；致力于对珠江西岸先进装备制造产业带的建设；致力于对互联网产业的扶持；致力于对珠三角"中国制造 2025"国家级示范区及珠三角国家大数据综合试验区的创建，推动实体经济产业结构的优化与升级。

2. 开放型经济新体制建设取得成效

积极建设海陆空跨境战略通道，努力进行对世界级城市群和国际一流湾区的创建。广东深入改革涉外经济管理体制，并取得了重大突破。广东还进一步改善了贸易自由化、便利化条件，对国际贸易窗口进行全方位普及与推广，增加了对外贸易的便利性，提升了对外经济效益，促进了对外经济的高速增长。

3. 产品和服务质量明显提升

广东制定质量强省战略，并积极落实该战略，不断提升各行各业产品和服务的供给质量，打造属于广东省的优秀品牌，有效地提升了产品和服务的总体质量。广东省的商标有效注册量、中国驰名商标数、有效发明专利量等指标在全国位居前列，格力和华为两大品牌都获得了中国质量奖。广东省的社会公用计量标准数在国内外都具有很大的竞争优势。广东省还积极建设国家技术标准创新基地，为国家技术创新做出了巨大的贡献。

4. 科技实力和创新能力提升

广东区域创新能力在我国排名靠前，其中，企业创新、创新环境、创新绩效 3 个指标都曾在我国排名第一。全省研发投入占 GDP 比重逐步提高，设有研究机构的规模以上工业企业比重也有所增加，有效发明专利量、PCT 国际专利申请量及专利综合实力连续多年居全国首位。同时，广东在计算与通信集成芯片、云计算与大数据管理技术、智能机器人等重点领域开展关键核心技术攻关，技术自给率和科技进步贡献率都很高。

5. 区域发展趋于协调和平衡

多年来，广东通过实施"粤东西北振兴发展战略""乡村振兴战略""双转移""腾笼换鸟""产业共建"等政策，不断推进珠三角地区与粤东西北地区的平衡协调发展。[①]

三、湖北省经济高质量发展实践

经济高质量发展是新时代的根本要求，是关乎未来的重大抉择，是改革发展的历史性任务。为深入学习贯彻习近平新时代中国特色社会主义思想和习近平总书记视察湖北重要讲话精神，贯彻落实党中央推动经济高质量发展决策部署和湖北省委工作要求，持续提升全省经济实力和综合竞争力，全面建成社会主义现代化强省，湖北坚持把经济高质量发展要求贯穿发展改革工作始终，着力稳增长、扩投资、转动能、强区域、优环境、惠民生，使经济总体平稳、稳中向好，并令经济高质量发展取得新进展。

（一）湖北省经济高质量发展的必要性与重要性

党的十九大明确提出，我国经济已由高速增长阶段转向高质量发展阶段。湖北是“一带一路”和长江经济带重要节点，在促进中部地区崛起和长江经济带发展中肩负重要历史使命。近几年来，在中共湖北省委的坚强领导下，荆楚人民团结拼搏、真抓实干、砥砺奋进，经济社会发展取得显著成绩。同时要清醒认识到，湖北省正处于转型升级的攻坚期、爬坡过坎的关键期，经济社会发展仍然面临不少困难和挑战，发展不平衡不充分问题比较突出，创新创业优势尚未充分发挥，产业结构调整升级任务艰巨。在此背景下，相关人员要增强忧患意识，善于攻坚克难，坚持不懈抓重点、补短板、强弱项，把科教、生态、产业、区位、文化等资源优势变为发展优势，推动经济行稳致远。

湖北省委十一届三次全会、四次全会做出高质量发展区域和产业战略布局，部署战略目标、重点任务和实现路径。湖北省各级国家机关、社会团体、企业事业单位和广大人民群众，要牢记习近平总书记的殷殷嘱托，切实增强责任感、使命感和紧迫感，紧紧抓住和全面用好重要战略机遇期，保持战略定力、增强发展信心，推动思想再解放、改革再深入、

① 杨少浪．积极推动广东经济向高质量发展转变[J]. 广东经济，2018（06）：47-49.

工作再抓实，全力做好稳增长、促改革、调结构、惠民生、防风险各项工作，努力开创湖北高质量发展新局面。

（二）湖北省特色高质量发展之举措

2019年以来，湖北高质量发展取得一系列成效：地区生产总值突破4万亿元，人均超过1.1万美元，新增铁路营业里程830千米，新增高技术企业1 300家以上，全年降低企业成本累计超过1500亿元……湖北省经济发展之所以能取得如此显著的成效，主要得益于以下发展举措。

1. "一芯两带三区"战略实施

坚持区域协调、城乡融合、产业协同、特色分工，进一步完善全省重大生产力布局和区域协调发展战略规划，努力形成"一芯驱动、两带支撑、三区协同"区域和产业发展战略布局。大力发展高新技术产业、战略性新兴产业和高端成长型产业，强化武汉主中心和襄阳、宜昌省域副中心作用，加快建设综合性国家产业创新中心、"芯"产业智能创造中心、制造业高质量发展国家级示范区，培育"芯"产业集群，加快形成中心带动、多级支撑的"心引擎"，加快形成高质量发展的新动能体系，提升对全省发展的引领带动力。以长江经济带、汉江生态经济带为依托，以沿线重要城镇为节点，打造长江绿色经济和创新驱动发展带、汉孝随襄十制造业高质量发展带。推动鄂西绿色发展示范区、江汉平原振兴发展示范区、鄂东转型发展示范区竞相发展，形成全省东、中、西三大片区高质量发展的战略纵深。

2. 集中力量深化供给侧改革

2019年上半年，湖北经济同比增长8.1%，主要经济指标高于全国，明显好于预期，在经济下行压力加大形势下，逆势而上，成效显著。

第一，坚定不移地把改革发展着力点放在实体经济上。因地制宜，因城施策，深入落实"三去一降一补"任务，把提高供给体系改革质量作为湖北终极目标。认真贯彻"巩固、增强、提升、畅通"八字方针，加快发展"三项建设"，即先进制造业建设、新旧动能转换、质量品牌建设，推动"三种变革"，即动能、效率、质量变革，从根本上转变发展方式，增强发展质量。

第二，尽锐出战、攻坚克难，坚决打赢“三大攻坚战”。确保2020年，精准脱贫取得决定性胜利，污染防治取得更大成效，防范化解重大风险取得明显进展，为经济社会平稳健康发展创造条件、提供动力。

第三，改造传统产业，推动存量变革。一是在变量上求突破，推进“四大整合”，即产业、制造业与服务业、信息化与工业化、军民融合，以新动能催生新经济。三是求增量谋崛起，做大做强湖北“芯屏端网”；培育新兴产业，以新材料新能源等十大产业为牵引，大力发展国家存储器基地在湖北落户的优势，牵引相关产业链，培育新增长点，抢抓新一轮科技革命和产业变革机遇。

3. 加快创新强省建设

第一，坚持科技经济创新体制创新驱动。确立创新目标，即在创新供给方面，以现代工程技术、关键共性技术、前沿引领技术创新为突破口，优化创新资源和创新力量布局，聚焦聚力科技和经济深度融合。结合湖北省出台的“科技十条”“创新二十条”意见，支持高校“双一流”建设，建设一批重大平台、重大项目、重大园区。积极探索省级统筹资金搭台唱戏，支持重点攻关，科技创新。

第二，坚持充分发挥科技平台引领作用。要引导高校科研院所聚焦重大产业创新，大力推进产学研合作，服务湖北经济社会发展。同时，坚持实施校企联合创新能力提升计划，加大创新型高新技术企业与湖北高校互动，不断增强相关领域的源头创新能力，扩大科技平台引领作用。

第三，坚持简政放权，吸引人才。从简化户籍制度、提供良好社会保障入手，鼓励支持大学毕业生留在湖北就业创业，确立实施每年留下30万高校毕业就业计划目标举措，并逐渐提高比例。同时，招硕引博，在全球范围内挑选一批高端人才、领军人才，组成创业团队。推动金融科技两翼齐飞，引导更多社会资本投入到科技创新上来。比如探索设立创业投资引导基金、省级股权投资引导基金等。

4. 着力打造内陆开放发展新支点

一是打造互联互通高地。紧紧依托长江黄金水道，港口、铁路、管网发力，全方位构筑立体综合交通中枢。以新亚欧大陆桥经济走廊为引领，以陆海新通道、中欧班列为骨架，积极融入“一带一路”，抢抓沿线基础设施互联互通机遇，着力构建东西双向互济、陆海内外联动的互联互通网路。二是打造开放创新高地。坚持市场主体地位,改革“放、管、服”,营造拴心留人环境,打出人才、贸易、金融、创业“组合拳”。紧紧围绕湖北自贸区功能定位,努力把“试验地”变成高质量发展的“高产田”,提升来鄂投资贸易便利化自由化水平。三是打造营商环境高地。践行世界命运共同体理念,对标国际和全国营商环境评价标准,全力打造法治化、国际化、便利化营商环境,深度融入世界经济海洋。努力在放宽准入、减审增便、降本提效上下硬功夫,弯道超车,打造湖北改革“新高度”,建设全球开放新高地。

5. 全力支持民营经济发展壮大

鼓励、支持和引导非公有制经济发展,促进非公有制经济健康发展和非公有制经济人士健康成长,发挥民营经济在推动高质量发展中的重要作用。全面落实减税降费、金融支持、市场开放、权益保护等各项惠企政策,切实降低民营企业的税负成本、融资成本、资源要素成本、制度性交易成本。依法保护企业家的人身财产安全,加大惠企政策落实督办力度,开展企业减负和营商环境第三方评估,切实增强企业的获得感。深入实施中小企业成长工程,加大民营企业家培养力度,大力提升楚商核心竞争力,培育一批市场竞争力强的民营大企业集团和上市公司,培育一批有国际影响力的创新型领军企业。构建清新型政商关系,激发和保护企业家精神,搭建政企沟通、政商交流的制度化平台。

6. 着力实施乡村振兴战略

聚焦产业兴旺、生态宜居、乡风文明、治理有效、生活富裕的总要求,统筹推进乡村产业、人才、文化、生态和组织振兴。深入推进农业供给侧结构性改革,加快质量兴农、绿色兴农、科技兴农,推动农业高质量发展。加快构建现代农业生产体系,改善农业生产条件,提高粮食和重要农产品综合生产能力。加快构建现代农业产业体系,大力发展农产品加工业,支持做大做强“荆楚优品”,打造十大千(百)亿产业链,发展农村新产业新业态新模式,培育壮大乡村特色产业,推动一二三产业融合发展。加快构建现代农业经营体系,大力培育新型农业经营主体和社会化服务体系,推进小农户和现代农业发展有机衔接,大力发展“互联网+”营销网络。深化农村集体产权制度改革,完善农村承包地“三权分置”制度,探索宅基地所有权、资格权、使用权“三权分置”,推进市民下乡、能人回乡、企业兴乡，激发乡村振兴内生动力，多途径发展壮大农村集体经济。大力推进村庄绿化美化，做好垃圾污水处理、厕所革命、村容村貌整治、饮水安全提升，持续改善农村人居环境。科学规划实施特色小镇建设，繁荣发展荆楚乡村特色文化。加强基层组织建设，健全现代乡村治理体系。推进新型职业农民培育工程，培养造就一支懂农业、爱农村、爱农民的“三农”工作队伍。坚持全要素、全产业链、全地域谋划，打造县域经济升级版，使县域经济成为乡村振兴的主支撑。

7. 切实保障和改善民生

第一，把保障和改善民生作为第一责任。坚持以民生为导向推进长江经济带建设，既做人民群众看得见、用得着的实事，也作为子孙后代广栽树、打基础、利长远的好事，增强人民群众获得感。

第二，把保障和改善民生作为第一要务。紧盯人民群众急难忧问题，想群众之所想，急群众之所急，忧群众之所忧，推动高质量发展，着重在衣、食、住、行、学、医、工上发力，不断提升民生“温度”，擦亮民生“底色”，通过经济发展的过程促进公共服务更加优质均衡，增强人民群众幸福感。

第三，把保障和改善民生作为第一行动。坚持量入为出，惠民利民，至少将政府财政收入四分之三以上用于民生支出。实施减税降费政策，政府过紧日子，确保经济社会持续向好；人民过好日子，增强人民群众的满意度。

第四节　中国经济高质量发展的困境

一、中国经济高质量发展的现实困境

我国从改革开放以来经济飞速发展，但伴随经济增长而出现的负面问题也越来越多，对我国经济高质量发展造成了严重的阻碍，使我国经济高质量发展陷入各种困境，下面主要从四个方面来分析我国经济高质量发展的现实困境。

（一）产业高质量发展的困境

虽然我国已经从农业大国转变为工业大国，但是产业效率还不够高，远远达不到经济高质量发展对产业效率的要求和相关标准。产业效率低是当前我国产业高质量发展的主要困境，具体体现在以下几个方面。

1. 产能过剩，存在大量僵尸企业

从 20 世纪 90 年代后半期开始，我国一些国有企业陆续亏损，成为僵尸企业，进而引起了产能过剩的严重问题。我国僵尸企业的地区分布、所在行业及所有制性质具有以下特点。

第一，我国僵尸企业主要分布在东北地区、西北地区、西南地区等经济发展水平较低的地区，东部、南部等经济发展水平较高的地区有少数的僵尸企业。

第二，很多僵尸企业都来自钢铁业、建筑业、房地产业。

第三，很多僵尸企业都是国有企业或集体企业。

持续亏损的国有企业成为僵尸企业后，主要靠政府投资维持生存，这就对民营企业的生存与发展空间造成了影响，导致产能过剩的态势越来越严重。

2. 产业层次偏低，产业结构有待升级

我国产业结构与产业层次的问题主要表现在以下几方面。

（1）制造业内部结构不合理

在我国，以工业化为中心的非均衡发展战略实行了很长的时间，生产资料制造业在制造业中所占的比例之所以长期呈上升趋势，就与这一战略有密切的关系。与此同时，国民经济制造业呈现出重型化发展态势，从而降低了生活资料制造业在制造业中的比重，可见，制造业内部结构不合理的问题比较严重。此外，我国加工产业因为区位、廉价劳动力等要素的优势而发展迅速，但也是以原辅料件或零部件的简单加工为主，高加工能力明显不足，影响了制造业整体水平的提升。

（2）服务业占比偏低

我国服务业和其他经济产业相比，经济增长速度比较滞后，而且不管是人均增加值、就业比例还是增加值比重都不高，这个问题在东部地区尤为严重。我国东部地区经济发展速度快、水平高,在如此良好的经济环境下,制造业也发展得很快,但是因为在国际分工方面,东部制造企业深度参与其中,对国际外包制造业的承接量大,所以出现了“制造业偏好”现象,这就造成了东部地区虽然经济发展好、人民收入水平高,但服务业占比偏低的“怪诞现象”。

(3)服务业内部结构升级缓慢

我国服务业内部存在严重的结构性不平衡,不仅结构升级慢,而且低端产业多,激烈竞争,高端产业严重稀缺,整体呈低端化发展态势。现有的生产性服务业中,对高新技术的运用并不重视,知识含量低,人力资本含量少,这是导致生产线服务业发展缓慢的重要原因。我国主要依靠房地产业和金融业推动中国生产线服务业发展。我国服务业与发达国家相比,发展严重滞后,差距十分显著。

3. 产品处于价值链低端,利润空间小

我国制造业企业的利润率很低,即使是500强企业也是如此,平均利润率水平远远比不上世界500强制造业。我国处于价值洼地的企业中,制造业企业所占的比重较大。长期以来,我国制造业一直处于价值链低端,以简单加工和组装为主的企业在制造行业中占据较大的比例,产品附加值明显偏低,这在一定程度上与全球碎片化生产有关。

4. 产业创新水平低,产业效率低下

现在,我国很多企业沦落为跨国公司廉价代工制造者,直接原因是我国产业自主创新意识薄弱,创新能力偏低,缺乏具有强大竞争优势的品牌创新产品。我国很多企业近年来虽然高度重视提高技术生产率和运用率,但是长期以来对国外技术的被动模仿导致我国缺乏自主开发科技项目的能力,现有技术的超前性不强。虽然建立在模仿基础上的技术创新有一定的优势,如投入少、风险小、能很快进入市场等,但这也造成了严重的问题,发达国家出让技术,长期对我国企业实行技术控制,我国经济发展面临着严峻的市场壁垒和技术壁垒,陷入被动,不利于长远发展。

现阶段,我国产业在创新过程中面临很多问题,如对先进技术的引进缺乏足够的空间,一些行业过度依赖低端路径来规划技术引领发展的路线,等等。这些问题的存在严重制约了我国产业高质量发展,进而制约了经济高质量发展。

（二）人民生活高质量发展的困境

现阶段，我国人民群众日益增长的对美好生活的需要和社会发展不充分不平衡之间的矛盾是我国社会主要矛盾。发展不充分和不平衡的问题在经济领域更加突出，这个问题的存在严重制约了人民对美好生活需要的满足，导致我国人民群众生活高质量发展面临严重的挑战。

下面具体分析我国人民生活高质量发展的现实困境。

1. 城乡居民收入差距大

我国城乡居民收入存在明显差距，这个问题长期存在，而且有持续扩大的趋势。我国收入分配不平等的问题很明显，也很严重。整体来看，我国居民收入分配结构呈“葫芦”型，低收入群体所占的比例增加，中等收入群体所占的比重不断下降。

我国居民收入分配差距既有地区差异，也有城乡差异，如东部经济发达地区的居民收入水平比西部经济落后地区的居民收入水平高，城市居民收入水平比农民收入水平高等。其中城乡收入差距的问题在我国各个区域普遍存在，这与我国长期存在的“城乡二元结构”有关，虽然我国已经在扭转这一局面，但是改革进程缓慢，农村劳动生产率还是比较低，城乡经济发展不平衡的问题短期内难以得到根本上的解决。

总之，目前我国居民收入分配现状与公平合理的收入分配制度的目标还有很大的差距，有待继续加快改进。

2. 公共服务不均等

我国基本公共服务不均等、不平衡，存在地区差异和城乡差异，这也与我国长期存在的城乡二元结构有关，此外，也是受长期推行的非均衡发展战略影响的结果。有关部门实地调查我国主要城市对基本公共服务的满意度后了解到，满意度最高的是东部地区城市，满意度最低的是中部地区城市，居中的是西部地区城市，这充分反映了国内基础公共服务区域分配不均等的现状。这个问题从医疗和教育两个方面集中反映出来。

我国城乡医疗资源的配置存在明显差距，城市的医疗资源是农村的两倍多，城市有较为齐全的医疗机构和丰富的医疗资源，在医疗市场基本上居于垄断地位。而农村严重缺乏医疗资源，现有医疗设备和医务人员的配置不能满足农民患者的就医需求。农村医疗资源不仅数量少，而且质量也差，如医疗设备不够先进，医务人员专业素质不够高等，这都限制了农村医疗服务能力和水平的提升。

此外，我国教育资源的配置也存在城乡差距，教育资源在乡村地区的配置形态是碎片化的，乡村缺乏教学设备，缺乏优秀教师，也缺乏生源，特岗教师占较大的比例，一些科目因为缺乏专职教师而长年无法顺利开展，如美术、音乐、信息等。教育的落后又严重制约了农村经济的发展。

3. 生态环境恶化，环境污染严重

当前，我国环境污染严重，而且这个现象一直没有得到根本性的解决，导致环境质量整体不容乐观，这在很大程度上是由我国粗放型经济增长模式、产业结构不合理和缺乏绿色科技等造成的。

近年来，国家反复强调可持续发展观和科学发展观，强调严格执行可持续发展战略，并出台政策、加大资金投入来治理环境，通过宣传环保知识来提升全民环保意识和行动的积极性，经过多年的努力，在环境治理方面取得了一定的成绩，一定程度上改善了环境质量。尽管如此，环境问题在落后经济增长模式的影响下依然较为严重，环境治理是一项十分艰巨的工程，我们要做好“持久作战”的心理准备。

（三）对外开放高质量发展的困境

1. 出口贸易结构不合理

我国出口贸易目前还不具备明显的竞争力，这是由我国出口贸易结构不合理造成的，主要表现在方式结构和商品结构两方面，前者以两头在外的加工贸易为主，后者以低附加值的初级加工制成品为主。出口结构不合理严重制约了出口贸易规模的扩张。从我国出口的商品类型来看，比重较大的是劳动密集型产品，而技术含量高、附加值高、档次高的产品却很少，这反映了我国出口商品结构低级化的问题。

2. 出口产品质量低

在“全球生产网络”和“全球价值链”中，我国是非常重要的组成部分，这主要是因为我国投资环境比较优惠，与发达国家相比，我国廉价劳动力多，劳动力成本低。我国在国际市场上比较有优势的产品是劳动

密集型产品，这类产品的品质和发达国家生产的产品相比，没有明显差距，总体出口水平也与发达国家不相上下。但和发达国家的技术密集型和资本密集型产品相比，我国的同类产品品质较差，处于低端位置，总体出口水平远远不及发达国家。

我国对外贸易缺乏竞争力，主要就是因为缺少拿得出手的一线品牌，缺乏享誉海外的高端品牌。这也是我国高端消费群体对国外高端品牌更为青睐的主要原因。

3. 创新水平低，过度依赖进口

现在，我国进口商品结构和改革开放初期相比发生了根本性转变，以往的进口商品中，大部分是低技术和中技术制成品，而现在的进口商品中，占比较大的是非农业型初级产品、中等技术工业制成品、高技术产品，而且这些产品的占比有持续上升趋势。我国进口商品结构的变化反映出我国产业创新水平低，对国外技术过度依赖等问题。

（四）创新高质量发展的困境

1. 关键零件受制于人，核心技术创新“空心化”

我国制造业关键零部件的产品开发与设计技术一直以来都没有明显的突破，核心技术“空心化”大量存在，很多产业技术的对外依赖度很高，一直处于“受制于人”的状态。核心技术缺失与关键零部件制造能力有限成为中国企业国际市场竞争力弱的主要瓶颈。

2. 专利重“量”轻“质”，创新转化率低

现在我国地方政府基于发展经济和政绩考核的需要出台名目繁多的专利资助、补贴和奖励政策，但企业专利申请的动机实质上发生了扭曲，导致企业创新活动出现“重专利数量、轻专利质量”的问题。同时，因为项目招标缺乏有效监督，再加上法律保护机制不健全，导致真正有价值、质量高且最终转化为创新产品的专利只有极少数。

3. 科研保障薄弱，科研环境较差

我国高校科研基础设施条件较差，资源配置缺乏。科研考核模式过于简单和频繁、项目申报流程烦琐、财务报账周期长等问题耗费了科研

人员的时间和精力，增加了科研活动的成本和难度，制约了基础性研究的持续开展。

4. 合作效率低，产学研结合有待提升

从目前产业发展的整体战略来看，其存在以下缺点：产学研合作结构单一，区域发展不平衡，“点对链式”和产学研合作研究很少，缺乏长效激励和保障机制，等等。同时，高校和企业在价值取向、思想观念上存在的差距影响了产学研合作意识的树立和科研成果的成功转化。

二、中国经济高质量发展的基本思路

（一）以市场化改革为主要抓手

1. 推进要素市场化改革

继续深化利率市场化改革，健全资本市场、土地市场和矿产资源管理的制度规范，提高要素市场交易的公开透明度。此外建立竞争性的劳动力市场，促进人才流动。

2. 转变政府职能，建设服务型政府

在市场化改革中转换政府职能，重塑政府和市场的关系，解除国企发展的制度障碍。此外，建立完善的意见反馈机制和听证制度，在重要决策中广泛征求各方意见，减少利益集团的干预，听取更多阶层的意见。

（二）以提高人民生活质量为主要目标

1. 改革收入分配制度，缩小居民收入差距

深化改革收入分配体制，利用财政政策工具，使国民收入通过二次分配缩小收入差距，提高低收入者的收入水平，增加针对特殊人群和弱势群体的福利项目。

2. 推进基本公共服务均等化

第一，破除阻碍人口自由流动的城乡二元体制，建立城乡一体化的基本公共服务制度。

第二,完善地方财政税收体系,改进地方税制不完善的方面,明确中央和地方的事权与支出责任。在提高公共服务比重的同时,注意改善支出结构,向农村教育和医疗方面倾斜。

3. 加强环境监测,建设生态文明

国家通过法律来规范企业行为,制定切实可行的环境规制方案来实现环境保护与制造业发展的良性互动。此外,将重污染行业逐步有序淘汰,采用低碳经济发展模式,加大新能源创新力度。

(三)以新一轮对外开放为重要手段

1. 健全关键设备、先进技术的稳定进口机制

政府应鼓励内资企业大幅增加先进机器设备类等高技术性商品的进口,进行新一轮大规模的技术改造。努力突破西方发达国家对我国关键设备、先进技术的限制与封锁,同时也要大力推动和鼓励国内企业的消化吸收,大力开展自主创新活动,逐步实现高技术产品的进口替代。

2. 提高产品技术含量,优化出口结构

企业加大技术创新投入,对传统行业进行技术改造,高效配置资源,在节约资源和环保的原则下,促进加工贸易企业转型。政府应当采取激励措施鼓励企业研发高科技产品,提高产品的增加值,强化品牌竞争意识,打造国际化品牌,促进产业结构的根本性优化。

3. 提升出口产品质量

加大企业研发力度和人力资本投入,提升本土企业的创新能力,提升品质竞争力。打击出口假冒伪劣产品的违法行为,加强对不诚信企业的惩罚,提高中国产品的信誉度。①

① 余泳泽,胡山.中国经济高质量发展的现实困境与基本路径:文献综述[J].宏观质量研究,2018,6(04):1-17.

（四）以创新驱动为第一动力

1. 提高专利质量，提高创新效率

不断健全企业专利申请质量评价机制，要注重对申请专利的企业进行多方面的考核，考核内容主要包括专利数量、商业化和市场化的产品数量、市场开拓潜力、市场组织新形式以及供应来源的丰富性等。此外，要大力保护知识产权。

2. 完善科研保障体系

第一，加强对科研人员的专业培养，促进专业科研人员业务能力的提升，促进其自我价值的顺利实现。

第二，政府从财政上大力支持基础研究，设立激励相容机制并不断完善，同时在高校、科学家、科研机构、企业之间构建长期稳定的互动机制，并支持该机制的运作。加强对科研经费、科研人员等科研资源的科学管理，完善科研项目从申请到决策的相关机制，提高科研效率。

3. 促进产学研紧密合作，加快成果转化

政府应该从多角度、多渠道、多层次支持产学研合作，引导企业与研发水平较高的科研机构、高校建立稳定与和谐的合作关系，对产学研结合平台进行积极建设，促进“科研—转化—效益—科研”的科研产业链的快速形成与高效运作。

第四章　数字金融与经济高质量发展

经济发展的核心动力源于金融，金融创新驱动经济高质量发展。数字金融是一种由互联网、数字经济和金融有机融合形成的创新性金融服务模式。数字金融突破了传统金融服务经济发展的障碍，金融覆盖面更广，金融服务成本较低，满足了更多人群对金融服务的需求。经济高质量发展对金融创新提出了新要求，而数字金融契合了这一要求，成为驱动经济高质量发展的重要动力。本章主要对数字金融促进经济高质量发展的理论与路径展开研究，首先分析数字金融与数字经济的关系，然后着重探讨数字金融驱动经济高质量发展的多元理论机制和多层实现路径。

第一节　数字金融与数字经济

一、数字经济的内涵与特征

（一）数字经济的内涵

1995年，美国经济学家唐·塔普斯科特出版了《数字经济：智能网络时代的希望与隐忧》，书中正式提出了“数字经济”一词。唐·塔普斯科特被普遍认为是最早提出数字经济概念的人。在随后几年中，美国学者用数字经济描述美国信息高速公路普及化后，形成了“数字经济”的发展蓝图。

数字经济在国际上通常指的是数字化应用，类似于信息经济，比互联网经济范围更大。2016年，在中国杭州举办的G20峰会上发布的

《二十国集团数字经济发展与合作倡议》中有这样的内容，数字经济是这样一系列经济活动，以数字化的知识和信息为关键生产要素，以现代信息网络为重要载体，以信息通信技术的充分使用为提高效率和优化经济结构的重要推动力。[①] 这意味着国际社会广泛认同数字经济的概念。

数字经济主要有三种形式，见表 4-1。

表 4-1　数字经济的主要形式 [②]

数字经济的形式	主要内容
基础型数字经济	电子设备制造业 信息制造业 金融服务业等
融合型数字经济	电子商务等传统产业与数字技术结合形成的新型经济
新兴数字经济	移动支付 直播平台 网络众筹业务

（二）数字经济的特征

1. 数字化特征

数字经济理论中，经济活动主体（个人、企业、政府等）通过经济活动行为（交易、经营、管理等）来获取经济活动结果（货币、商品、劳务等），可以用数字化信息来表示这个经济活动过程中的所有内容。人类在实实在在的物理世界中生存，虚拟世界由数字经济构建，物理世界与虚拟经济从微观层面来看，存在根本性的区别，物理世界由原子组成，数字虚拟世界由比特组成。计算机对信息的存储就是通过二进制实现的，简化为 0 和 1 的比特。虚拟世界和物理世界有对应关系，物理世界的原子可以被对应的二进制比特替代，这就是数字化的过程。所有双稳态的器件都可以表示由 0 和 1 构成的数字信号，这是大规模器件集群形成的基础。大规模器件集群的特点是大规模传输的稳定性、远距离传输的可靠性。简单来说，信息的大规模存储和传输的多种应用场景都可以用数字

① 张宁．数字经济下的税收征管路径优化研究 [D]. 济南：山东大学，2020.
② 张宁．数字经济下的税收征管路径优化研究 [D]. 济南：山东大学，2020.

化的信息来应对,促进了信息要素可信性和利用率的提升,也促进了数字经济核心竞争力的提高。

2. 网络化特征

在数字经济的发展中,互联网是必不可少的重要载体,其为数据和信息的交互提供了便捷渠道,互联网覆盖范围广,传输效率很高,这是其推动数字经济发展的主要优势。数字经济突破了地理空间限制,加快了社会的网络化进程,这非常契合经济全球化大背景对我国经济发展的要求。比特传输是现代互联网的本质,移动一个单位比特的速度和效率要比移动一个原子更快、更高,而且还有成本优势。只要传输数据可以通过移动比特完成,就没有必要运用硬件(磁盘等)。原子并不能同时被很多人使用,有越来越多的人使用原子,原子数量就会越来越少,但理论上对使用比特的人没有数量限制,而且比特的价值是随着使用者数量的增加而增加的,这可以用来解释互联网的长尾价值。依托互联网技术传递信息的成本可以忽略不计,出现区域链后,价值传输的成本也可以忽略不计。

3. 虚拟化特征

大数据量的比特流由大量的比特汇聚而成,比特在比特流中是主流信息模式。在大数据量比特流的基础上,开始出现在线上存储和传输大规模数据,并对数据进行在线处理的现象,此时实体经济领域就表现出虚拟化发展趋势,即从线下转变为线上。线上经济突破了时空限制,节约了时间成本,而且也压缩了供需对接的成本,使得传统区位因素对实体经济的影响不再像以前那么重要。实体经济向虚拟化趋势转变后,经济分工越来越细化,合作越来越密切,企业经营成本中,开发设计成本所占的比例逐渐增加,在经营运行中采用生产外包模式的企业越来越多。例如,苹果公司(电子设备制造企业)和高通公司(集成电路制造企业)开始采用半虚拟化经营运行模式(生产与产品设计、销售分离)。再如,亚马逊网站完全采取线上数字化运营模式来经营 Kindle 产品业务,这样电子书交易就与实体书店或仓库几乎没联系了。此外,在数字经济背景下,传统教育也开始探索虚拟化经营模式,出现了线上教育、虚拟课堂等新兴教育模式。

虚拟化犹如一把“双刃剑”,虽然促进了线上经济的繁荣,但也影响了实体经济的发展,影响了线下消费。在数字经济发展中,寻求数字化转型并不是对所有行业都有利。如果某些行业转型后能够提高效率、增加收入、促进经济增长,那么就要积极转型,但如果某些行业实施数字化转型后对效率、效益及经济增长没有明显的作用,就不必勉强“赶时髦”。总之,实体经济在数字经济背景下要做好衡量与取舍,不要盲目转型。

4. 非摩擦性

在当前的经济背景下,效率最好的经济模式当属完全竞争的市场经济模式。信息要素在数字经济中的利用率很高,在很大程度上降低了交易成本。这样一来,经济活动就突破了地理空间的区位限制,向全球范围蔓延和拓展,使人类的经济活动进入了完全竞争的经济时代,具有鲜明的非摩擦性。近年来,电商平台高速发展,规模极速扩大。传统线下实体经济中,消费者在消费之前往往要货比或价比三家,这样就增加了交易的时间成本,也影响了交易效率,而线上经济突破了这一障碍,更为便捷、高效。线上生产者从生产到销售的整个过程是被压缩的,这样才能快速回笼货币,最大化地获得利益。数字经济的兴起提高了企业的经济效益,促进了社会经济增长。此外,数字经济给人民群众的生活带来了极大的便利,仅凭这一点,我们也要肯定这一经济模式的存在。

传统经济学是一种稀缺经济学,数字经济学是一种富饶经济学,二者的性质、稀缺性完全相反。由无数个比特单位构成的数字经济的发展的前提是以比特为最基本单位进行思考,互联网时代割裂了原子和比特,使二者相互分离,而在数字经济时代,我们要将原子和比特放在一起,并对二者的相互关系进行逻辑思考。

二、数字经济发展的金融支持

(一)投融资支持

在经济数字化转型升级过程中,经济活动的各个领域都在大量运用区块链、大数据、人工智能等新技术,同时彻底改造了传统经济运营方法、流程和管理模式,这个过程伴随着创新,实现了升华,大大提高了经济数字化程度和数字化发展水平。当前,国家和地方政府积极推进经济数字化发展，并采取了重要的战略举措，如最具代表的"新基建"战略，即建设大数据中心、运用物联网等。地方政府为推行这些重大战略，投入了数十亿高额资金，金融业在这方面的投入力度尤为大，这些战略的落实需要全社会的广泛参与和积极配合。

目前，社会资金供给的主要渠道依然是间接融资，这是社会融资体系的一个主要特征。间接融资的主要金融机构是商业银行，这一机构在数字经济领域的实力是最强的，也是资金投入最多的"金主"。同时，直接融资在社会融资体系中也占有一定的地位，通过资本市场直接融资的企业主要是科创企业。在现阶段，有形资产少、风险高是我国初创技术企业和互联网企业普遍具有的特征，这些企业以传统信贷方式从金融机构贷款有很大的难度，而多层次资本市场的建立健全则一定程度上帮助这些企业解决了贷款问题，所以他们是采取直接融资方式的主要企业。

我国高科技企业、互联网企业可以从现有规则和自身发展现状出发，对上市方式进行自主选择，如主板、中小板、科创板、创业板等。我国数字经济随着科创企业的快速发展而实现了高速度发展。科创企业在我国发展迅速，除了有国家战略层面和制度层面的顶级扶持和人口优势以外，还有一个主要原因是我国多层次资本市场已经帮助科技企业将全生命周期的融资通道彻底打通，而打通的方式主要是IPO（公开募股）和再融资。如果我国可以长期保持这些优势，那么科技产业有可能达到发达国家的水平。放眼眺望未来，在资本市场的投融资支持下，我国一系列大数据公司、光学公司、芯片半导体公司等都将得到快速的发展。

（二）先锋和引领

一个群体的发展速度、高度及水平往往由领头者所决定。数字经济的发展同样如此。数字化进程快、水平高的行业带动了其他行业的数字化发展，整个群体的前行步伐在领头企业的驱动下越来越快。金融行业本身就有很强大的数字基因，大量优秀人才集聚在金融行业，我们可以将金融业的发展史看作是技术发展与创新史。金融行业的数据可以称得上是一个天然数据库，科技基因充斥在金融行业的各个流程和环节中，数字化技术在金融行业具有很强的适用性，总能找到适宜的场景去发挥价值，而且效果都非常好。因此在数字经济发展中，金融业往往能发挥重要的先锋和引领作用。我国金融数字化发展水平在全球都是排在前列的，成功案例非常多，享誉国外的有支付宝、“零距离接触银行”等。我国数字经济在全球数字经济中也因为金融业处于领先地位而占据重要地位，因此，我国要进一步发挥金融业在数字经济领域的重要作用，引领数字经济继续大踏步前进。

（三）优化经济结构

数字经济的发展优化了经济结构，主要表现在以下三个方面。

第一，数字经济的发展促进了行业结构的优化。

第二，数字经济的发展促进了集约化经营水平的提升。

第三，数字经济的发展促进了科技的创新和行业科技含量的提升。

数字经济实现优化经济结构的功能离不开金融支持。《关于构建更加完善的要素市场化配置体制机制的意见》（简称《意见》）由国务院于2020年4月9日发布，《意见》中在关于推进技术要素市场发展方面提出要推动技术要素与资本要素的融合发展，积极探索多种投资和融资方式促进科技成果向资本的转化，如创业投资、天使投资、科技保险、知识产权证券化等方式，鼓励商业银行将更多的金融产品和服务提供给科技行业，促进科技行业的发展，金融机构可采取的融资支持方式有知识产权质押、预期收益质押等。贯彻落实这些举措有助于顺利优化我国经济结构。

（四）扶持数字产业

数字产业化发展水平很大程度上决定了数字经济的发展水平。我国数字经济目前处于起步发展时期，数字技术生产的产业化规模尚未形成，采用大数据、区块链的企业中不乏一些中小企业和微型企业，大规模采用这些新技术的国有企业并不多，我国尚未形成上下游、产学研等规模化和一体化的经济链接态势。因此，金融业要大力扶持数字产业的发展，具体可从以下几方面提供扶持。

第一，在金融“十四五”重点扶持发展规划中纳入数字技术产业，并大力扶持这一产业。

第二，将各种金融工具运用起来，开辟多样化融资方式（众筹、科创板等），从而为数字技术产业提供融资支持，解决这类产业发展的资金问题。

第三，为走向国际的数字技术产业优先提供金融产品和服务，大力支持国际化发展成效较好的数字技术产业，为我国数字技术产业的全球化经营和扩展提供良好的平台。

三、数字经济催生数字金融

数字经济既是经济发展模式的创新，同时也对经济各个子行业产生基础性、全面性的影响，它推动金融业深度变革，并加速数字金融的产生，使之更好地为数字经济发展服务，适应经济高质量发展的要求。数字经济推动了金融变革，催生了数字金融，主要体现在以下几方面。

（一）金融虚拟化

数字经济下的经济要素可以用数字表示，这一切都是在虚拟空间完成的，这给金融业的发展创造了很大的想象空间。

以商业银行为例，从电子支付到手机银行、网上银行、移动金融、直销银行等，都是数字化的直接体现。据中国银行业协会报告，银行业务已经突破时间、空间限制，线上银行、无人银行、虚拟银行已成为现实。例如，在2020—2021年的全民抗“疫”战斗中，工商银行依托云计算为客户提供全天候、不间断的“无接触”金融服务。

（二）金融智能化

在数字经济背景下，所有经济运行主体都有着较高的智能化程度，自动控制将在各个领域渗透。作为智能化的先行者、排头兵，金融机构的智能化程度提升很快。未来金融机构将对智能技术进行广泛、综合的运用，比如，通过运用智能机器人来减轻自然人的劳动，通过大量信息和自动化控制来提升决策质量与效率，从而全面实现运营智能化、服务智能化和管理智能化。

金融智能化在银行业、保险业、证券业等方面都有所反映。

1. 银行业智能化

中国银行业协会报告显示，金融科技在助力智能客服建设方面起到重要的作用，而且取得了良好的效果。未来各大银行将加快推进智能化设备投放，以开放务实的姿态主动融入互联网。

2. 保险业智能化

保险行业在智能保险方面的发展也取得了明显的成绩，行业运用大数据、人工智能、物联网技术对投保对象进行全程可视化监管，在销售、获客方面采用人工智能进行保险产品营销，这成为主要营销工具，而且对投保人实行精准化的时间计保，这种“新式武器”成功吸引了大量投保人。

3. 证券业智能化

目前，证券行业的智能化程度也比较高，证券公司在扩大市场份额、提升市场竞争能力、增加客户黏性的过程中将“智能投顾”作为撒手锏。证券公司运用数学模型、算法等方式为投资者提供高效、快捷、精准的智能化服务。

（三）金融普惠化

普惠金融依托数字经济的发展有了强大的技术支撑，金融机构可以通过数字技术解决业务发展中信息不对称、管理成本高、风险控制难等问题，从而将中小微客户、长尾客户作为优化客户结构的重要战略配置，多种措施并举来支持中小微企业的发展，满足中小微企业对金融服务的需求。对于银行业而言，在数字技术的影响下，数字银行服务的覆盖面正不断扩大。①

四、数字经济与金融的融合理念

数字经济是一种创新型经济模式，是经济高质量发展的重要产物。而且随着数字经济的不断发展，数字产业有大量的、多元化以及个性化的金融需求，数字经济和经济高质量发展对金融服务业提出了很高的要求。在数字化经济背景下，数字技术和金融的融合成为大势所趋，二者

① 陆岷峰．金融＋数字经济：融合与“蝶变”[J].金融博览（财富），2020(05)：45-48.

能够融合除了与大环境的驱动有关,根本上还是因为二者的发展理念相通,这是二者得以融合与协同发展的重要前提。具体来说,二者的共同发展理念是“协调、创新、开放、绿色、共享”,这五个理念是金融的未来发展方向,也是引领数字经济发展的重要指向标。二者只有在共同发展理念的科学指导下,才能实现更加自然与持久的融合。下面具体分析这五个发展理念。

(一)融合发展之协调理念

各种经济要素(信息、资金、物流等)互联互通、协调发展是数字经济的重要特征,正因为有这个特征,整体经济效益才能达到最佳和最优化的程度。数字经济的发展,客观上要求金融业建立在金融效率这个中心基础上,将系统方法和动态方法充分利用起来,推动宏观经济与微观经济、经济数量与经济质量以及经济的动态化与静态化等多层面的协调与统一。

(二)融合发展之创新理念

数字经济是传统经济模式革新的成果,本质上就是一种新兴的经济模式。从这一点来看,金融业要将多种新兴技术方法充分利用起来,发挥对行业内部要素创造性重组和变革的驱动作用,更好地为数字经济这个新兴经济模式的成熟发展服务。

(三)融合发展之开放理念

数字经济这个新的经济模式具有完全开放性,在数字经济视域下,经济发展是没有国界的。这就对金融服务业的开放式发展提出了一定的要求。金融服务行业的开放发展要先具备基本的前置条件,要审时度势,要小心谨慎,要循序渐进,在开发式发展中要对出现的各种问题都密切关注和及时处理。在金融服务业的开放式发展中,国内外的协调过程是长期的、渐进的,这是由复杂的历史与现实条件所决定的。在长期的协调过程中,数字经济与金融之间可能出现发展步伐不一致的问题,需要进一步磨合与协商。

（四）融合发展之绿色理念

传统意义上的绿色概念主要指节能、环保和清洁能源等，数字经济语境下的绿色有着更加广泛的内涵，绿色消费、社会责任等是最基本的，但不限于这些内容。数字经济的绿色发展对金融服务业的发展提出了相应的要求。要发展绿色金融，就要继续贯彻落实可持续发展战略，加强生态环境与经济的协同发展，对节能型绿色产业、新能源产业、保护生态环境的产业优先给予投融资支持，鼓励绿色消费。金融业的绿色化发展不是以牺牲自身经济收益为代价的，而是要达到一种平衡与协同，在绿色化发展中获取理想的收益。

（五）融合发展之共享理念

对社会闲置资源的最大化利用是数字经济共享的意义所在。对金融资源（金融数据资源、信贷资源和人才资源等）的优化配置是金融业共享发展理念的本质。在共享理念下，金融业通过金融工具向数字经济行业提供丰富的金融资源。例如，金融业通过众筹模式、互联网线上贷款等方式最大限度地助力科创企业和中小微企业发展，提高普惠金融、长尾客户的信贷获得权和金融享有权。此外，金融业还使用平台化运作方式使金融供需信息更加清晰、透明。

第二节　数字金融驱动经济高质量发展的理论机制

一、信用理论和信息不对称理论

（一）信用理论

信用是指以借款人对出借人的承诺、信任为基础，借款人在一定时间内获得借款的能力。信用包括授信人对受信人的信任、授予信用和偿还信用的时间限制两个重要因素。在现代社会，受信人在信用借贷期限内偿还借贷资金并付息是信用借贷得以发生的前提，借贷双方相互信任是建立信用关系的前提。在信用理论的基础上发展数字金融，资金供给者先对资金需求者的信用等级状况有一定的了解，然后转让资金使用权利，资金需求者在合约到期以后偿还资金和利息。一旦出现信用违约的情况，资金供给者就无法在合约到期后得到本金和利息，这就造成了很大的信用风险。数字金融的规范发展中要注意防范信用风险，构建良好的借贷环境，防止大风险造成的经济损失，预防对经济增长的不利影响。

（二）信息不对称理论

信息不对称理论由 George Akerlof 在 1970 年提出，他认为在市场经济活动中，由于社会分工和专业化，各类交易主体对有关信息的掌握是不对称的，导致一些主体在交易过程中很难准确判断。金融体系中的逆向选择和道德风险问题就是因为信息不对称造成的。因为有信用不良者的存在，所以金融机构会严格审批贷款，审慎发放贷款，这就导致一些信用良好的借款人无法顺利快速地获得贷款，从而产生了逆向选择的问题。一些借款人获得贷款后，将资金用于高风险投资活动中，这对金融机构很不利，合约到期后他们无法偿还贷款和利息，道德风险问题因此而产生。

虽然公平信息披露不能完全消除信息不对称的问题，但是会降低信息不对称造成的不良影响。根据信息不对称理论，当前数字金融依托现代信息工具数字技术手段，采取大数据信用评估方法使客户信息高度透明，建立了信息沟通机制，有效预防了风险的发生，预防了对经济高质量发展不利的事件发生。①

二、风险理论和金融脆弱性理论

（一）风险理论

实际收益与预期收益之间存在不确定的差异，就是所谓的风险，金融业中因为各方面原因而造成的实际收益和预期收益之间的偏差，就是所谓的金融风险。提供金融信息服务的数字金融平台经常出现不确定

① 姚博．数字金融产业创新发展、传导效应与风险监管研究［M］．北京：经济管理出版社，2019.

的潜在金融风险，需要按下列步骤去进行风险控制。

1. 风险识别

对数字金融服务平台的借贷流程予以明确，清楚哪些环节容易发生风险，预判关键风险因素，对风险识别指标体系加以构建。

2. 风险评估

运用大数据对风险的发生率进行评估，再结合平台自身的判断，在容易发生风险的环节做好防范。

3. 风险监控

构建风险控制指标体系，对指标变化进行严密监测，加强逐层管理，将风险发生率控制到最低。

4. 风险处理

数字金融借贷平台针对不同类型的风险采取不同的应付措施，将风险的损害性影响降到最低。

5. 风险报告

上述各个环节的相关工作都要进行报告，便于全方位分析风险控制，最终达到良好的控制目的。

（二）金融脆弱性理论

对金融风险成因进行分析，促进金融稳定的理论就是金融脆弱性理论，

1. 金融脆弱性的概念

下面从广义和狭义两个层面来解释金融脆弱性。

（1）广义概念

广义层面上，包括所有融资领域在内的风险集聚的高风险金融状态，指的就是金融脆弱性。

（2）狭义概念

狭义层面上，金融业因为具有高负债特征陷入困局的可能性更大，这就是金融脆弱性。

2. 借款企业

金融脆弱性理论的创始人明斯基在该理论中将借款企业分为下列三种类型。

（1）投机性借款企业

这类企业每一期的预期收入只能偿还到期债务利息，但长期预期收入比债务总量多。

（2）安全性借款企业

这类企业预期收入总额比到期债务本息多，任何一个时期的预期收入都能偿还到期债务本息，安全性高。

（3）高风险性借款企业

这类企业预期收入比债务总额多，但预期收入比到期债务本金甚至到期利息还少，直到最后一期的预期收入才能偿还每一期的到期债务。

3. 安全边界理论

在明斯基提出的金融脆弱性理论的基础上，克瑞格从银行角度研究了借贷市场的金融脆弱性，安全边界理论就是其在这个研究过程中提出的一个重要理论。他指出，银行利息所提供的风险报酬和收益保障就是安全边界，银行发放贷款，主要对借款人的借贷记录和信誉进行考核，而对未来收益保障关注较少。随着借款企业规模的不断扩大，其所经营的高风险项目短期内不会出现问题，银行根据企业以往的信誉决定提供贷款，这样就降低了安全边界，提升了金融脆弱性。

三、金融监管理论与大数据理论

（一）金融监管理论

在金融行业的发展中，风险无处不在，金融危机随时都会降临，为了预防金融危机造成的巨大经济损失，我们要加强金融监管，对金融体系的安全运行及金融市场的秩序予以维护和保障。金融监管理论就是在长期的金融监管实践中总结出来的科学理论。

1. 金融监管的概念

下面从狭义和广义两个方面来解释金融监管。

（1）狭义概念

在狭义层面，监管部门监督与管制金融机构的各种行为及过程就是所谓的金融监管。规定市场准入标准、业务范围、市场退出程序；提出金融机构的规范化经营要求、风险管控要求；出台与制定各种金融法律和制度；等等，这些都是狭义层面金融监管的范畴。

（2）广义概念

广义层面金融监管除了包含上述内容外，还包括金融行业协会的监管和金融机构的内部管控。

2. 金融监管的演进

从世界金融监管的发展来看，主要经历了下列几个阶段。

（1）第一阶段（1930 年以前）

1930 年以前，世界上普遍确立了中央银行制度，开始出现金融监管，当时中央银行主要通过货币管理政策来对银行业进行监管。

（2）第二阶段（1930—1970 年）

这一时期，随着金融市场的逐渐失灵，金融行业的一些负面特性或现象被专家和学者发现，如机构的垄断、市场信息不对称、金融体系的负外部性等，学者们对金融行业有了新的认识后，便主张政府出面对金融行业进行干预和管控，学界也开始纷纷对政府监管金融机构的相关问题进行研究，目的是通过主张政府监管来促进金融体系的安全运行。

（3）第三阶段（1970—1990 年）

这一阶段，金融自由化理论提出政府不要过度监管金融机构，要优先考虑金融效率，政府逐渐放松了监管，主要从对经营地域、经营业务、借贷范围以及利率的调整中体现出政府监管的适度放松。

（4）第四阶段（1990 年至今）

进入 20 世纪后，金融监管又发生了新的变化，既不单纯强调金融体系运行的安全性，也不单纯强调效率优先，而是兼顾安全与效率，主张二者并重。对此，金融监管发生了如下变化。

第一，加强资本监管，对金融业的资产业务限制制度加以推行，将“最低资本充足率”的要求明确下来。

第二,加强功能监管,发挥行业内部的监管职能。

第三,加强纪律监管,将政府和市场两大监管主体的监管、约束有机结合起来。

第四,加强激励监管,出台激励方案,恩威并施。

(二)大数据理论

大数据是运用新数据处理技术来分析类型多、数量大、结构杂的数据,对事情发生的可能性快速进行预测,以一定的洞察力、判断力得出最终的预测结果。从根本上来说,大数据是对事物背后关系的深入挖掘。在大数据时代,每个主体既创造与传播数据,也接收和分享数据。大数据与金融业的契合性非常高,金融业所掌握的客户的数据是极其丰富的,而且这些数据时刻都在增加,增长速度可以说是爆发式的。在数字金融风险监管中,这些数据是主要参考因素,发挥重要作用,数字金融平台正式采用大数据来分析这些海量数据,为风险监管和防控提供便利。

在现阶段,商业银行掌握的用户数据是极其多的,但银行各部门之间缺少关联,阻碍了数据的快速整合,然而,如果银行能充分利用大数据,就能够深度挖掘与沉淀数据。此外,银行还可以参考现有数据,分析用户消费习惯和金融交易偏好,为其提供个性化和多元化的金融产品和服务,并满足更多新客户的需求。

四、金融抑制理论和金融创新理论

(一)金融抑制理论

如果说金融深化是一个问题的一个方面,那么金融抑制就是这个问题的另一个方面,金融抑制和金融深化密不可分。国家管制金融行业,影响了金融资源的配置效率,而金融资源配置效率低下又制约了金融行业的发展,从而形成了恶性循环,这是金融抑制理论的核心。金融深化是为了消除这个恶性循环而产生的。金融抑制理论和金融深化理论揭示了这样一个金融现象,发展中国家政府采取行政手段管制利率和汇率,为抑制金融经济发展,采取信贷歧视的方式来对待传统部门和私营部门。倘若金融抑制能够被消除,也就是采取金融深化手段,那么金融行业和社会经济都能得到发展。负投资、负储蓄、负就业、负收入等是发展中国家金融抑制的主要表现。金融抑制制约了社会主体对金融产品、服务的需求的满足,限制了社会发展。

资本市场不健全、银行寡头垄断、民营资本不易进入金融体系以及一些人为因素是造成金融抑制的主要原因,针对这些影响因素,国家必须加强金融改革和金融深化。例如,允许民营资本进入金融体系,推动数字金融和影子银行的发展,为小微企业和个人提供宽松的金融服务,放低准入门槛,使数字金融体系中的供求关系依照市场化利率来维持等,这对促进社会经济增长具有重要意义。

(二)金融创新理论

1. 金融创新的概念

下面从广义和狭义两个方面来解释金融创新。

(1)广义概念

广义层面上,对新技术和新方法加以利用,从而对金融体系的要素组合方式进行调整,并赋予该体系新的功能的过程就是金融创新。广义的金融创新包括金融相关要素的创新,如金融产品创新、金融机构创新、金融市场创新、金融制度创新等。

(2)狭义概念

狭义层面上的金融创新是指金融产品或金融手段的创新。数字金融就是狭义层面上的金融创新,是一种新的金融模式或手段。金融创新不会增加金融脆弱性,但会增加金融风险。

政府和市场都是金融创新的主体。通过金融创新能够稳定货币需求,在货币需求理论模型中,将金融创新理论纳入其中,可以验证金融创新对稳定货币需求产生的作用。货币需求总量及货币的需求量受很多因素的影响,其中金融创新因素起决定性作用。在通货膨胀时期,金融创新的决定性作用更为明显。

2. 金融创新效应

金融创新效应按经济效益划分,可以分为下列两种。

①宏观效应：对金融创新影响宏观经济变量的情况进行分析。

②微观效应：对金融创新影响微观经济变量的情况进行分析。

3. 金融创新理论的分类

金融创新理论以创新动因为参考依据，可以分为下列三种类型。

（1）供给主导型理论

这类金融创新理论又包含下列两类。

①交易成本理论：其核心思想是促使交易成本较低的各类因素中，金融创新隐私起到支配性作用和重要影响。

②技术推动理论：其核心思想是金融创新主要得益于该行业对信息技术的广泛应用。

（2）需求主导型理论

这类金融创新理论又包含下列两类。

①需求推动效应理论：其核心思想是金融创新是在客户对金融产品、服务的新需求的刺激下实现的。

②财富效应理论：其核心思想是金融业创新的主要动力来源于财富增长，财富增长使人们对金融的需求变得更多，使人们的金融交易偏好发生了变化。

（3）规避管制型理论

这类金融创新理论又包含下列两类。

①诱导约束理论：其核心思想是金融创新是金融行业采取的一种自卫行为，主要目的是缓解金融压抑，获取更多利润。

②规避管制理论：其核心思想是金融机构创新是一种规避政府管制的举措，目的是获得更多利润。

综合上述理论，可以将金融创新的动力因素归纳为不完全市场、全球化与风险激励、代理问题和信息不对称、科技进步、交易和营销成本最小化、税收与监管制度六个方面。这些因素共同推动金融创新。为了保证金融创新的顺利实现，使创新型金融模式安全、稳定、高效运行，就必须完善金融制度，为金融行业主体提供公平、有序的创新环境。

五、二八定律与长尾理论

（一）二八定律

1909年，帕累托通过实证研究发现社会财富不是按正态分布规律分布的，而是一种不规则的分布状态，其将这种分布称作“帕累托分布”。可以这样理解这种不规则分布，大部分社会财富掌握在少数人手中，穷人只拥有剩下的小部分财富，这就引出了“二八定律”的概念。二八定律是指20%的富人将80%的社会财富掌握在自己手中。在二八定律的影响下，传统商业银行认准富人作为自己的客户，把为富人提供金融产品和服务作为自己的主要盈利方式，并限制为中小客户提供金融服务，严重损害了大量中小客户的利益。

（二）长尾理论

长尾理论和二八定律是相对的，“积少成多”是长尾理论形成的主要原理。可以这样理解长尾理论，数量积少成多，当积累到足够多时，小市场扩张成大市场，虽然中小客户各自的需求是少量的、零散的，看似微不足道的，但是80%的中小客户的需求集聚起来就是大需求，即长尾市场。

长尾市场的边际成本随着数字技术的发展不断降低，甚至可以忽略不计，中小客户群体数量庞大，“尾巴”变长也就提高了长尾效应。长尾理论与传统二八定律完全相反，前者否定了后者。我国有很多典型的长尾市场，金融市场就是其中之一，传统银行将服务重点放在少数优质客户上，而数字金融侧重于为长尾市场的广大中小客户提供零散、小额的金融服务，满足他们的理财需求和个性化融资需求，80%的长尾客户扩大了数字金融机构的发展空间，增加了数字金融的覆盖面，由此产生了更广泛的影响，但同时这种创新也伴随着金融风险的增加。

第三节 数字金融驱动经济高质量发展的实现路径

一、宏观路径：助力产业结构升级，驱动经济高质量发展

从宏观层面来看，数字金融是通过助力产业结构转型升级驱动经济高质量发展的。

（一）数字金融助力产业结构转型升级

数字金融助力产业结构转型从以下几方面体现出来。

首先，完备的数字基础设施是数字金融发展的基础条件。数字基础设施的发展促使企业以数字技术为依托对管理模式进行优化，促进生产效率和信息化水平的提升，实现智能化发展，推动产业结构的现代化升级。

其次，信息服务业的发展是数字金融发展的重要体现。信息服务业随着数字技术的大量应用和深入渗透与制造业建立了紧密的联系，依托信息化技术提升了制造业的生产效率及自动化水平。信息技术产业与制造业相互促进，为制造业的转型升级提供信息技术支撑。

最后，数字技术推动数字金融发展，而科技创新也是推动产业结构升级的重要动因。企业运用新兴技术能够降低获取信息的成本和市场交易的成本，同时促进交易效率和成功率的提升，而在数字金融方面，需要将现有技术充分整合起来，并继续面向企业层面去创造新技术和传播新技术，实现新技术在企业层面应用效果的最优化，帮助企业整合数据、提升智能化水平，为产业结构转型提供助力。

（二）产业结构转型升级驱动经济高质量发展

产业结构升级与经济增长之间的关系是经济学中重要的研究问题。中国经济进入高质量发展阶段后，产业结构转型升级被认为是未来推动中国经济高质量发展的重要引擎，有关学者基于多年来我国诸多省市的面板数据分析，并以“创新、协调、绿色、开放、共享”五大发展理念为指引构建了高质量发展评价指标体系，考察中国产业结构变迁对中国高质量

发展指数的影响。结果表明,2000 年以来的产业结构变动整体上推动了中国经济高质量发展。产业结构升级对经济增长存在"结构性红利",能够通过促进经济系统资源的合理配置推动经济高质量发展。产业结构变动也促进了绿色全要素生产率增长率的提升,驱动经济高质量发展。

二、中观路径:助力行业创新,驱动经济高质量发展

从中观层面来看,数字金融主要是通过助力行业创新驱动经济高质量发展的。

(一)数字金融助力行业创新

实体经济是国民经济的命脉,但近年来我国实体经济金融化的问题十分严重。在高额利润的驱使下,越来越多的实体经济行业脱离主营业务,将大量资金投入金融、房地产等虚拟经济中。我国传统金融体系并不完善,在很大程度上抑制了实体经济的可持续增长。数字金融的出现弥补了传统金融的缺陷。数字金融依托大数据、云计算的高速发展,将科学技术与金融服务相联结,有效弥补了传统金融的弊端。同时,数字金融能解决有关行业在创新中遇到的资金难题,能有效发挥金融服务实体产业的作用,为降低行业创新成本,激发行业创新活力,促进行业创新升级提供机遇。

(二)行业创新驱动经济高质量发展

传统行业创新会令产品及设备的市场价格迅速下降,刺激实体经济对创新技术的投资。行业创新所诱导的新技术是高收益的,市场经济的逐利本性推动各个行业不断加大对新技术的投资以追求超额利润。由此,技术投资与资本存量迅速增加,产生明显的技术资本深化效应,促进了产出增长,推动经济迈向高质量发展。行业研发投资扩张有利于优化要素配置结构,且提升要素配置效率是经济高质量发展的重要来源。随着传统行业创新能力的不断提高,知识与智力密集度更高的数据要素大量积累,在与传统生产要素的融合中赋予其全新内涵,从而改善传统要素质量与配置方式。同时,这些数据要素还能衍生出更多高效的生产

资料，提高要素的流动性与利用率，从而提高生产效率，促进经济高质量发展。[①]

三、微观路径：助力企业转型与消费升级，驱动经济高质量发展

从微观层面来看，数字金融主要是通过助力企业转型与消费升级来驱动经济高质量发展的。

（一）数字金融助力企业转型和消费升级

1. 数字金融助力企业转型

我国目前正处在经济结构转型升级的关键阶段，以期通过经济结构转型增加经济发展的动力。进入21世纪以来，以移动互联网、数字经济、创新经济为代表的新经济发展拉开帷幕，很多企业都走向转型升级之路，以轻资产、大数据、共享经济为特征的企业模式成为经济发展的新引擎。

企业转型和新经济快速发展离不开资金的支持。新经济企业一方面没有庞大的固定资产或土地作为抵押品从银行贷款，另一方面，企业转型初期利润很少，因此企业转型的过程中面临着“融资难”的问题。互联网科技与传统金融的深度融合为解决中小企业融资、推动企业转型升级提供了机遇。实证研究表明，数字金融的发展能够显著提高企业转型升级的积极性，数字金融的参与用户数目越多、支付功能越发达、保险功能越完善、信贷功能越有效，便会对转型的企业提供更为有利的帮助。

2. 数字金融助力消费升级

中国经济处于结构转型中，粗放式发展模式发生改变，居民消费增长将在国家GDP增长中发挥更重要的作用。消费金融是刺激和扩大消费并促进消费升级的重要工具，随着数字金融的发展，消费金融迎来了黄金时代，数字消费金融成为带动消费金融发展的主力，同时，消费升级也十分明显，并呈现出从物质向医疗健康、娱乐休闲、教育培训等方

① 叶大清．数字金融驱动中国经济高质量发展[N]．金融时报，2018-05-26（004）．

面转变的趋势。

数字经济时代，消费金融机构借助大数据技术收集了多种场景下个人、企业的各种行为数据，建立初步的征信账户并提供消费金融服务，随着数据的不断积累，这些数据将反馈到信用账户上扩充信用信息，进一步促进消费金融服务升级。数字消费金融企业在推动消费转型升级方面发挥了积极作用。

（二）企业转型与消费升级驱动经济高质量发展

1. 企业转型驱动经济高质量发展

目前，中国经济由原来注重速度的发展转变为更加注重质量的发展。党中央强调要推进国有经济布局优化和结构调整，着力完善市场化经营机制，激发企业活力，培育形成一批具有全球竞争力的世界一流企业。从产业经济学的相关理论来看，企业优化升级是经济发展的内在驱动因素。企业是经济中的微观个体，经济的高质量发展依托于企业的不断优化升级，促进企业升级是中国经济高质量发展的核心所在。

2. 消费升级驱动经济高质量发展

在经济高质量发展阶段，投资、出口、资源等对经济增长的推动作用逐渐减弱，居民消费正成为经济高质量发展的重要推动和引导力量。在关于消费结构与经济增长关系的研究中，学者大多认可消费结构与经济增长互为因果关系，即居民消费升级推动经济增长，而经济增长能够增加居民收入，拉动居民消费增长、促进结构升级。习近平总书记指出，“完善促进消费体制机制，要顺应居民消费新趋势，从供需两端发力，积极培育重点消费领域细分市场，营造安全放心消费环境，提升居民消费能力，引导形成合理消费预期，切实增强消费对经济发展的基础性作用”。[①] 消费需求的变化和消费结构的升级，对于贯彻新发展理念，实现经济向高质量发展的转变具有重要意义。[②]

① 习近平主持召开中央全面深化改革委员会第三次会议[N].人民日报，2018-7-7.

② 徐兆丰.新发展格局背景下我国消费升级的数字金融驱动效应[J].商业经济研究，2021（03）：168-171.

第五章　宏观路径——数字金融助力产业结构优化升级

在现阶段，经济持续健康发展是我国经济发展的首要目标，调整产业结构，推动产业结构优化升级是实现这一经济发展目标的重要路径。数字金融的出现对技术的产业化发展起到了明显的促进作用，也对金融市场上的产业选择活动给出了正确的引导，有效地提高了产业结构优化升级的速度和效果。数字金融助力产业结构优化升级是数字金融推动经济高质量发展的宏观路径。本章着重对该路径展开研究，研究内容包括金融发展与产业结构升级、数字金融助力产业结构升级的机理以及经验论证。

第一节　金融发展与产业结构升级

一、金融发展的理论基础

金融发展理论着重对金融活动与经济发展之间的关系进行研究，包括对“金融变量发生变化如何影响经济发展”“通过改革金融制度如何在很长时间内影响经济发展”等问题的探讨，通过这些方面的研究，制定科学的金融发展政策，可以进一步推动经济持续增长。金融发展的基本理论如下。

（一）金融结构理论

金融结构的组成要素比较多，如金融机构的经营规模、经营方式、经营特色，金融中介结构中各分支的相关关联及集中性，各种已有的金融工具等都是金融结构的重要组成部分。

金融结构涉及十分广泛的内容，概括而言，其主要分为以下两大类。

第一，金融结构观，即金融机构和金融工具共同对金融结构起到决定性作用。

第二，资本主导型金融结构（以资本市场为主要形式）和银行主导型金融结构（以银行为主要形式）。

一个国家的金融结构是不断变化的，政治体制和经济体制的变革、社会变迁、国际金融发展等都可能引起一国金融结构的变化。不同国家有着不同的金融结构，一个国家在不同历史时期会形成不同的金融结构，金融结构的变化是金融发展的主要表现。世界金融结构的变化方向大体是从低级到高级，从简单到复杂，从单一到多元，这是各国金融结构的普遍演进规律，也是世界金融发展的主要趋向。

金融结构如果合理，那么对经济增长及经济运行就能起到重要的推动和改善作用，主要表现为以下两个方面。

1. 有效配置资金

在潜在投资项目之间合理分配储蓄，以促进边际效益率的提高，这是金融机构经营的主要业务内容和目的之一。金融机构以融资的方式进行资本支出，从而实现对资金的配置，如对于边际收益率高的行业、部门、设施设备等，要增加份额，而对于边际效益率比平均水平低的行业、部门及设施设备等，要减少份额，通过如此配置来推动经济增长。相比于上层金融结构的业务经营所产生的提高储蓄和投资总量的效果而言，合理配置资金给经济增长带来的引致增长效应的意义更大。

2. 提高储蓄和投资总水平

出现金融工具后，储蓄和投资可分离成两个职能，二者独立发挥各自的职能，有助于使一些经济单位收支不平衡的矛盾得到一定程度的解决。经济单位通过金融工具能够增加投资比重，从而突破有限的储蓄能力造成的限制，不仅如此，储蓄者通过金融工具可以达到增值的目标，不仅能贮藏财富，还能使收益得到增加。这是初级金融工具的重要作用，这类金融工具的主要服务对象是政府、家庭、工商企业。另外，金融机构发行的次级金融工具如果不是初级金融工具的替代品，那么其就能够使经济单位的储蓄和投资总量都有所增加。可见,金融工具不仅有助于提高经济单位的储蓄能力和投资总量,克服其收支矛盾,为其储蓄和投资提供有效的机制引导,还有助于提高全社会的储蓄能力和投资水平。

(二)金融深化理论

金融深化是指国民财富货币化和社会资产金融化的深度。[①] 在市场经济体制下,一般通过资本市场配置来配置社会经济资源,市场经济结构的变化主要是由资本集聚的规模和速度所决定的。在市场经济中,金融居于主导地位就是金融深化带来的结果。金融深化决定了新兴工业化国家和发达国家的经济起飞速度和经济水平,在发挥这个决定性作用的过程中,高度发达的金融中介行业直接投资并渗透到工商企业中,金融市场越来越发达,金融机制越来越完善,为经济的成熟奠定了基础。随着市场经济的不断发展,金融业的发展水平也不断提高,而且金融业在市场经济中的地位越来越显赫。有些国家的市场经济发展得没有那么完善,金融深化在这些国家能够对发达的金融业和统一的资本市场进行培育,对市场功能加以调整,使市场经济中有关部门获得均等的资本收益,促进资本存量的增加和投资收益率的提升,从而使经济从不发达走向发达。

在市场经济发展水平不断提高的今天,金融深化在经济中的渗透越来越深入,这与金融业本身的不断发展与成熟有直接的关系,金融深化成为市场经济中备受瞩目的一个经济现象。我国的金融深化程度是在经济体制的变化中不断增加的,在我国计划经济退出、市场经济出现的过程中,金融深化程度的增加主要从以下几方面体现出来。

第一,货币交易的总值在国民生产总值中所占的比重增加,物物交换的总值在国民生产总值中所占的比重减少。

第二,利率与汇率的市场化过渡形式越来越先进和完善。

第三,资金和资本市场、非商业性金融机构不断发展,对金融市场的管制逐渐放松。

① 黄明,胡舒予.产业结构调整与金融支持研究[M].成都:四川大学出版社,2017.

第四，金融机构的经营管理方式越来越先进化，国家专业银行逐渐转变为商业银行。信用合作社在城乡地区的发展速度加快。

第五，一个较为完善的现代金融体系随着中央金融中介调控系统的发展逐渐形成。

（三）金融约束理论

1. 金融约束的含义

金融约束指的是一组为生产部门和金融部门提高金融市场效率的金融政策，如控制存款利率，限制进入资本市场和约束资本市场的不良竞争等。

2. 金融市场的条件

金融约束是建立在金融市场具备一定条件的基础上的，主要条件表现在以下两点。

①稳定的市场经济环境。

②实际利率为正。

在金融抑制和金融自由化之间，金融约束发挥了重要的调控和平衡作用，金融约束的出现与金融市场改革的渐进化思路是相符的。

3. 金融约束理论在实证研究中的运用

在关于金融活动与经济增长关系的研究中，金融约束理论为其提供了重要的理论基础，该理论在实证研究中的运用主要表现在以下几方面。

第一，对金融活动与企业资本结构的关系进行研究。

第二，对金融活动与行业成长的关系进行研究。

第三，对金融中介和经济增长的关系进行研究。

第四，对资本市场和经济增长的关系进行研究。

第五，对金融中介和资本市场与经济增长的关系进行研究。

4. 金融约束理论的成就

金融约束理论主要有以下两方面的成就。

第一，对“金融中介体和资本市场的内生形成过程”作了解释。

第二,对“内生出来的金融中介体和资本市场与经济增长的关系”作了解释。

金融约束理论的形成过程中采用了与现实更为接近的假设条件,基于对多重因素的综合考量构建了更为全面的理论模型。在金融发展与经济增长的研究中运用金融约束理论,以实证分析为主,更能够经得住时间的检验和科学的推敲。

二、产业结构升级的基本理论

(一)产业结构升级的基本含义

产业结构升级具有以下两方面的含义。

1. 结构效益优化

在产业结构的演变与调整过程中,因为结构的不断协调有效提高了产业效益。

2. 转换能力优化

在产业发展中加强技术创新,提高根据市场需求的变化灵活进行社会资源供给的能力。

(二)产业结构升级的机制

产业结构升级的关键是要实现高加工度与高附加值导向的产出结构、规模经济导向的组织结构和高新技术导向的技术结构,本质是促进资源配置效率的提升,转化经济增长模式,提高经济效益,实现经济的可持续发展。①

产业结构升级机制包括行政计划机制和市场竞争机制,这是以资源配置手段为依据而划分的。

1. 行政计划机制

运用行政手段进行经济资源配置就是行政计划机制,其主要特点是

① 阎晓东.沿海地区产业结构升级研究[D].福建师范大学,2005.

自上而下进行配置，中央先提出计划，地方逐级执行计划，层层调整产业结构（组织结构、产出结构和技术结构），优化资源配置，提高资源的利用率。

政府在行政计划机制下主要通过出台产业政策对产业结构进行调整，调整的基本程序是，政府从产业结构现状出发，预测结构变动及走向，立足经济发展目标，向地方各级发布信号，以对市场经济主体的结构及供求格局进行调整。

政府在产业结构调整与升级中发挥着重要的调控职能，为顺利实现产业升级目标，政府主要采取以下两种方式发挥调控职能。

（1）价格调控

第一，国家直接干预价格，如定价、限价。

第二，国家通过调整汇率、利率、税率等间接干预价格，产业间的比较成本和比较收益发生变化，以此对资源流向进行调节，缩小供给结构与需求结构的偏差。

当干预取得了成效时，就要开始新的干预了，以不断促进产业结构的优化与升级。

（2）非价格调控

第一，政府通过财政方面的投资、融资来直接配置资源

第二，政府通过法律政策和计划审批来引导资源配置。

2. 市场竞争机制

市场竞争机制是资源配置的重要机制之一，指的是发挥市场的作用，对资源进行优化配置，令市场供需的变化从市场价格中体现出来，在市场的调节与控制下，资源的配置效率能够得到提升，资源能够得到最大化的利用。此外，市场竞争追求的是超额利润，在利益驱使下，市场主体通过技术创新去优化产业结构，促进产业结构不断升级，并呈现出高附加值、高加工度的发展趋势。

市场竞争机制要具备以下两个假定条件才能充分发挥作用。

第一，完全竞争的假定条件，即有足够多的企业，市场上各个企业自由出入，没有形成垄断。

第二，价格灵敏性的假定条件，即价格灵活变动，能将市场供需情况和稀缺资源的配置情况充分体现出来。

从市场经济发展的现实情况来看,不可能完全具备上面两个假定条件,但某种程度上可以满足这些需求,创造近似于上述假定条件的条件。例如,尽管完全竞争的市场不可能出现在现实中,但垄断竞争市场是经常出现的;尽管供求关系发生变化后,不可能第一时间从价格中反映出来,但各类资源是否稀缺及稀缺程度还是能够在市场竞争中体现出来的。那么,市场竞争机制在市场经济中对产业结构进行调整时,会经历怎样的过程?简单介绍如下。

首先,中间需求结构和最终需求结构随着技术的进步、收入的增加以及收入分配的变化而发生变化。

其次,需求结构发生变化后,原有供求格局被打破,出现产品供不应求或供过于求的现象,导致供求不平衡的产品的价格发生变动。

最后,产品价格变动幅度小的情况下,会给有关企业的生产带来影响,产品价格一旦发生大幅度波动的情况,价格下降的产品对应的部门的资源会向价格上涨的产品对应的部门转移,直到形成新的供需平衡,然后进行新一轮的产业结构优化调整与升级。

(三)产业结构优化升级的主要内容

产业结构调整与优化升级是产业结构由低层次向高层次不断演进的高度化过程。产业结构优化升级主要包括产业结构合理化和产业结构高度化两个方面的内容。高度化和合理化是相辅相成的,合理化是高度化的基础,没有合理化,产业结构的高度化就失去了基本条件,不但达不到升级的目的,反而可能发生结构的逆转。高度化是合理化进一步发展的目的,合理化本身就是为了使产业结构向更高层次转化,如果不是为了达到这一目的,合理化的存在也就失去了意义。

1. 产业结构合理化

产业结构合理化是指产业之间的经济技术联系和数量比例关系趋向协调平衡的过程,是各产业按比例协调发展规律的基本要求,其决定了资源在各种产业之间能否优化配置,避免造成资源积压和浪费。

2. 产业结构高度化

结构高度化过程就是产业发展中高加工度、高附加值、高技术含量和高知识含量的比重不断提高的过程，在这一过程中，产业技术创新能力的提高和产业中知识含量的增加构成了结构高度化的基本动力。产业结构升级的重点是在产业结构协调化基础上促进产业素质和国际竞争力的全面提高。为此，应重点发展那些发展前景广阔、技术含量较高的产业，以及那些有利于产业技术装备更新和改造传统产业技术的产业。有些产业具有从研究开发到实现产业化的潜在技术基础，可以填补产业和技术空白，有利于形成新的增长点，这些产业符合可持续发展战略的要求，有利于资源节约以及保护生态环境，有利于提升产业供给能力，这也是应该重点发展的产业。这些产业的发展有利于促进产业结构升级，促进经济持续健康发展。①

三、金融发展促进产业发展

（一）金融发展与经济增长

金融体系具有风险管理、信息揭示、公司治理、动员储蓄、便利交换五个基本功能。每一种功能都可以通过促进资本积累和技术创新来影响经济增长。有不少模型描述金融功能对经济增长的促进作用：在资本积累上，一些增长模型或者利用资本的外部性，或者利用稳定收益，来衡量人均产值的稳定增长。在这些模型中，金融体系发挥的功能包括通过影响资本形成率来影响经济的稳定增长。金融体系通过改变储蓄率、储蓄再分配这两个渠道来影响资本积累。金融体系还可以通过改变技术创新比率来影响经济增长。发挥五大金融功能，促进金融创新，以推动资本积累和技术创新，从而促进经济增长。金融体系在发挥五大功能的基础上影响经济增长的机制如图 5–1 表示。

（二）金融发展与产业成长

不同产业在成长过程中对外部融资有不同程度的依赖，依赖程度越大，金融发展对产业成长的促进作用就越大，因此，对外部融资具有很

① 左文君．数字金融助力产业结构升级的经验研究［D］．武汉：华中师范大学，2020.

大依赖程度的产业在金融发达的国家中成长速度特别快。因为金融发展有助于企业克服道德风险和逆向选择问题,降低企业的外部融资成本。

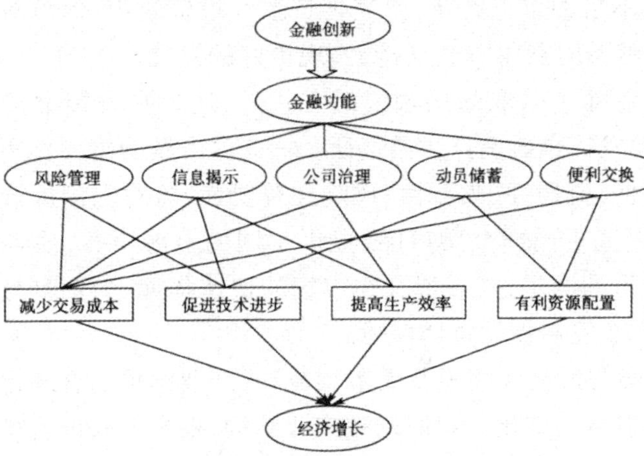

图 5-1　金融创新发展推动经济增长的机制[①]

（三）金融发展与产业结构优化

金融市场在市场经济中发挥着重要的作用,如对资金的筹集,对资金流向的引导,合理配置资源,反馈市场信息,推动技术变革,优化企业经营模式等,这些因素都能够使产业结构不断趋于合理。产业结构的变化是由资金的运用结构所决定的,资金分布情况又从产业结构中反映出来。金融对资金供给变化、资金配置结构变化产生影响是通过资金形成机制、资金导向机制和信用催化机制实现的,从而促进产业的优化发展。

我国调整产业结构的主要方向是从粗放型转向集约型,而且强调发展技术密集型产业,不管采用存量还是采用增量方式来进行结构调整,注入大量资金都是必需的,这时银行信贷就发挥了非常重要的作用。

在现阶段,间接融资是我国企业融资的主要方式,在国家通过制定产业政策和发挥政府职能去推动产业发展的过程中,信贷杠杆的作用不可忽视,国家要根据现实情况制定信贷政策,健全信贷相关制度,对不

① 王景武，王爱俭．金融创新与产业结构调整 内蒙古产融结合新思路[M].北京:中国金融出版社，2011.

同地区或不同行业的信贷比例进行调整，将资金引向更能发挥价值的地方，有目的、有侧重地加快一些产业的发展速度。对于我国现有的新兴产业或投入不足的重点产业，要完善贷款和投资政策，保障新兴产业和重点产业能够及时获得资金支持，实现更好的发展。

我国企业除了采取间接融资的方式外，还要在直接融资上开辟路径，这就需要发挥金融资产供给场所——证券市场的重要作用。证券市场有着期限性、流通性、收益性、风险性等要素，若对它们进行不同的排列组合，可创造不同的金融产品，提供不同的金融服务，使各类投资者的需求都能得到满足，实现资金在市场的快速集聚，为调整与优化产业结构、促进产业发展提供资金保障。

随着社会资源的大规模及大范围流动，产业结构的合理化和高级化动向也会发生新的变化。我们调整产业结构，根本上来说就是解决市场上各类企业的出入问题，这其中关于资源的配置和重组是必然会遇到的问题。不管是资本市场，还是货币市场，它们的优势是相似的，如联系面广、消息反馈迅速，根据市场需要对企业的重组、兼并等调整给予支持，使市场竞争力强、发展前景广阔和符合可持续发展理念的优势企业获得更多的资金，以促进这些企业的成长与发展。经济资源不应该流向没有生命力、没有前景以及效益差的企业，这类企业中，个别企业会因为资源需求长期得不到满足而被市场淘汰。通过引导资金流向扶持优势企业发展，淘汰没有生命力的企业，这本身就是优化企业结构的表现。

我国调整产业结构，需要从金融市场中获取参考信息，并依赖金融市场进行技术革新，优化企业运营模式。市场上对各类资源的需求和供给是不断变化的，这是调整产业结构的主要依据之一。资源供应和需求各自的变化及供求关系的变化使得调整产业结构成为一项复杂的工程。证券市场是金融市场的重要组成部分之一，其能有效传递信息，及时反馈信息，发挥证券市场的优势和功能，能够使我国在调整产业结构的过程中遇到的缺乏信息依据的问题被有效地解决，并依据证券市场上的有效信息来对资本的流向进行正确合理的引导。同时，金融市场十分注重技术的改革与创新，通过技术革新能有效促进产业升级发展。

第二节　数字金融助力产业结构升级的机理

一、金融助力产业结构升级的基本原理

金融是现代经济的核心，是经济发展和产业结构调整中不可缺少的助推器。金融能够吸收一部分社会非生产性资金，通过投资将其转化为生产性资金，从而促进产业发展中资本的积累和规模的扩大。因此，不管是基础产业的发展，还是支柱产业、战略性产业的发展，都需要有相应的金融支持。下面从三个方面来分析金融助力产业结构升级调整的基本原理。

（一）金融活动的本质是生产活动

金融活动与生产活动并非相互分离，而是相互影响、相互作用的。金融活动从本质上来说从属于生产活动，金融活动是经济发展到一定程度以后从生产活动的流通和分配环节中逐渐分离出来的。反过来看，金融活动的发展和结构变动又会影响生产活动。因此，金融活动在产业结构的升级调整过程中将产生重要影响。

（二）金融通过信用活动来促进产业结构升级调整

在现代社会经济中，金融主要是通过信用活动来影响产业结构调整和升级的。因为从根本上而言，产业结构的调整与升级是生产要素的分配比例发生变化，信用活动决定生产要素的分配比例。如果信用活动对生产要素分配的比例合理，符合产业结构演变规律，那么就会促进产业结构的升级调整；否则很可能起到反作用，即对产业结构的升级调整造成阻碍。信用活动主要通过信用发放和消费信贷来使生产要素之间的增量和存量发生改变，从而令产业结构发生改变。例如，银行通过调高银行法定准备金率，减少商业银行的信贷投放量来调整房地产行业，减少对房地产行业的过热投入。银行还可以通过消费信贷来对人们的未来消费与当前消费的比例产生影响，改变人们的需求结构，推动相关产

业的发展，从而促进产业结构升级。

（三）金融通过信贷资金投入促进产业结构升级调整

金融还可以通过信贷资金的投入促进产业结构升级调整，信贷资金投入总量和结构的改变能够对产业结构调整的速度和方向产生影响，也就是说，信贷资金投入具有规模效应和结构效应。一般情况下，规模效应为正，资金投入规模越大，越有利于产业结构调整优化。而结构效应正、负都有可能，关键要看资金投入结构是否满足产业结构调整方向的资金需求。如果能够满足，则资金投入会形成有效供给，促进产业结构调整优化和经济增长；如果不能满足，那么投入结构效应可能为负，会造成资金供给与资金需求的背离，对产业结构升级及经济发展造成制约。①

二、金融助力产业结构升级的基本机制

金融作用于产业结构的过程可以概括为：金融→影响储蓄、投资→影响资金的流量和存量变化→影响生产要素分配结构→影响产业资本的变化→影响产业结构升级（图 5-2）。

下面具体分析金融助力产业结构升级调整的六大机制。

（一）产业资本形成机制

产业资本的积累在产业结构升级调整中非常重要，企业自身可以积累产业资本，但积累速度比较慢，所以一般依靠外部筹资来实现快速积累。企业的外部筹资主要通过金融来实现。金融体系能够帮助企业吸收储蓄大量的社会闲散资金，积累大规模的资金，为产业结构调整提供金融支持。因此说金融拓宽了产业发展的资金来源，促进了产业结构升级调整。

（二）信用催化机制

金融体系通过创造信用，把潜在资源现实化，加速资本形成。金融

① 黄明，胡舒予．产业结构调整与金融支持研究[M]．成都：四川大学出版社，2017.

产品的创新，如证券化就是一种信用创造，直接影响产业结构调整，并扩宽产业资本的来源和流动性，以此促进产业结构升级调整。

在信用催化机制的作用下，金融机构在选择资金投向时，以资金的增值返还为目标，选择具有广泛扩散效应以及有一定超前性的产业作为重点投资项目，从而催化相关产业体系的构建和调整更迭。①

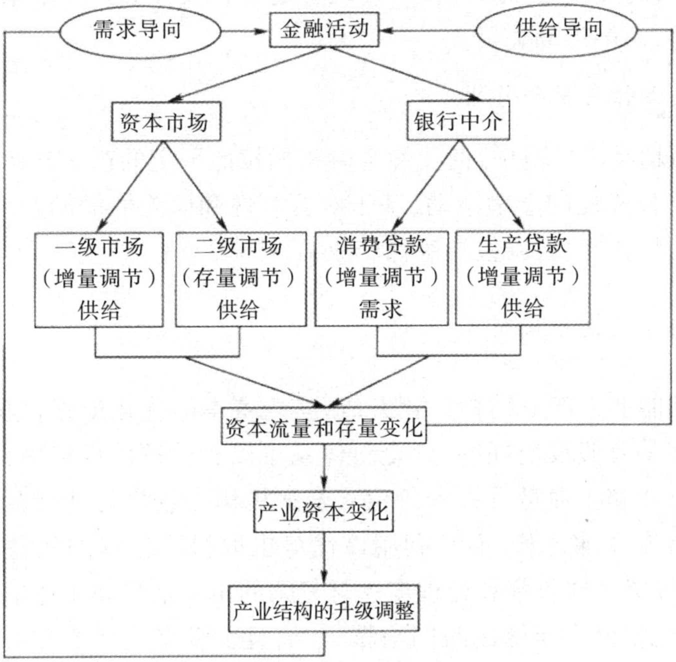

图 5-2　金融助力产业结构升级的一般机理②

（三）资金导向机制

金融机构按照一定规则和采用一定方法向不同区域和产业投放储蓄资金，从而对产业结构调整产生影响。在资金导向机制中，影响产业结构调整的金融形式主要是政策性金融和商业险金融。下面具体分析这两种金融形势的不同作用。

① 王景武，王爱俭.金融创新与产业结构调整 内蒙古产融结合新思路[M].北京：中国金融出版社，2011.

② 王景武，王爱俭.金融创新与产业结构调整 内蒙古产融结合新思路[M].北京：中国金融出版社，2011.

1. 政策性金融的作用

政策性金融主要从下列三个方面影响产业结构升级调整。

第一,通过信贷政策或差别利率对不同产业的发展予以鼓励或限制。

第二,通过货币政策创造良好的宏观环境,以支持产业结构调整。

第三,通过政策倾斜为投资期较长的项目或社会公共基础设施提供金融支持,缓解市场失灵。

2. 商业性金融的作用

在市场经济环境中,商业性金融机构按照一定的市场规律与经济原则去进行投资性的金融活动,基于对营利性和风险性的综合考虑,向各产业部门配置资金,调整与优化产业结构。

(四)信息揭示机制

金融能助力产业结构优化升级,实现资本的优化配置,但是这个功能的实现是有假设前提的,即金融体系可以有效评估投资项目,准确甄别哪些行业和企业最具投资价值。金融机构在收集与处理金融相关信息上具有专业的优势,而且利用该优势也取得了良好的效益。相比而言,单个投资者要收集和处理庞大且复杂的市场信息和企业信息有很大的难度,他们没有足够的时间与精力,而且也没有很好的方法。所以由于信息成本非常高,就要尽可能向最能实现资本价值的地方去投资。收集与处理庞杂的市场信息和企业信息是金融中介的专职工作,在分析信息的基础上,采用先进的评估方式对投资项目的价值进行甄别,这个专业优势是单个投资者远远不能企及的。市场信息成本随着金融机构的出现而降低,资本配置效率也因此得到了改善。另外,股票市场作为重要的信息载体在生产与传播信息方面也同样具有自己的优势,股票市场不仅汇集了大量的资金,也汇集了各种信息,尤其是产业发展和企业经营的新信息,有的信息是市场主体资源披露的,而有的是被强制披露的,不管是如何披露的,股票市场的出现使得投资者以较低的成本获取信息,促进了资本配置效率的提升,也有效地推动了产业结构的优化升级。

（五）产融结合机制

产融结合从下列两个方面对资本配置产生影响。

第一，金融资本深入渗透到产业资本中，使得资本积聚的进程加快，推动资源集聚在优势产业和企业中，促进了企业规模的扩大和企业经济效益的提升，也促进了优势产业竞争力的进一步提升。兼并收购、股权转让等资本市场上常见的经济现象最能体现产融结合的重要性。企业发展中所呈现出的国际化趋势和集团化趋势也与金融发展的推动密不可分，集团内部财务公司组建后，为集团内部提供了重要的控制方式和连接纽带。金融发展也提升了金融运行效率，并逐渐形成了金融资源重组和优化配置的机制，为产业成长提供了良好的资源环境，使资源的地区限制、行业限制被打破，加快了产业结构优化升级的进程。

第二，产融结合将金融市场与劳动力市场、商品市场、技术市场紧紧联系在一起，使这些市场构成了统一的整体。金融市场使得资本在各个区域和产业之间合理流动、高效重组，对技术、劳动力、商品等各种资源的空间转移产生了重要的影响，也使区域资源禀赋发生了变化，从而促使各区域调整产业结构，尤其是通过技术资源的传播和共享去有效促进区域产业结构的优化升级。

（六）风险管理机制

金融体系不仅具有资本配置功能，还具有风险配置功能。兼具资金中介和风险中介两个角色的金融中介通过风险管理机制（风险交易、集聚和转嫁等）使得风险在不同区域和产业中重新配置，这样一些技术生产率高的产业虽然风险高，但也能够获得足够的资本支持，充足的资本投入进一步提高了产业的技术水平，也提升了产业的发展层次。下面以风险投资为例，展开具体分析。

风险投资是一种特殊投资活动，投资的对象是技术含量高、风险大的新兴企业，投资的目的是取得良好的经济收益。金融机构向新兴企业进行风险投资，那么投资机构就是积聚风险的主体，在投资活动过程中，投资主体也会采取措施去降低风险，常见的措施有分散化投资、利用风险资本的退出机制转嫁风险等，这些措施不仅有效降低了投资主体承担的风险，对投资主体的利益起到保护作用，而且促进了风险资本的良性循环模式的形成。破产清算、兼并收购是风险资本退出机制中常见的方式，这些方式使得投资主体投资失败的成本降低，有效控制了投资风险，在投资风险可控的基础上促进了新兴行业的发展，也使投资主体获得了可观的收益。

三、数字金融助力产业结构升级的基本机制

（一）数字金融促进产业结构升级的作用表现

产业结构升级调整是推动经济高质量发展的重要路径，数字金融的出现又有力地推动了产业结构的优化升级，其作用具体表现在以下几个方面。

第一，产业结构的调整主要依靠资源再配置，因此产业结构升级离不开金融。数字金融包含普惠金融的优势，能提供多样化的、包容性强的金融工具，产业结构也因此不断进行优化。

第二，数字金融可以解决传统金融服务中某些特殊群体由于自身原因导致的金融需求得不到有效满足这一问题，可见，数字金融的服务对象的范围更广。

第三，数字金融的发展推动了技术产业化发展，引导了金融市场上的产业选择活动，推动了产业结构的优化升级。

第四，数字金融有独立的运作空间，可以促进附加值高的产业发展，避免由于产业关联度高所带来的资金约束等问题，引导金融市场上的产业选择活动，推动技术创新，进而调整产业资源的配置，推动产业结构的优化。①

总之，数字金融不仅是传统金融体系的有力补充，而且为金融体系的后续发展做好了铺垫，为技术创新提供了重要支撑，进一步推动产业结构优化升级。

---

① 左文君．数字金融助力产业结构升级的经验研究[D]．武汉：华中师范大学，2020.

(二)数字金融通过技术创新助力产业结构升级

数字金融之所以能够推动产业结构升级,与其自身良好的技术创新能力这一优势密不可分,技术创新是数字金融有效配置资源,进而优化产业结构的基础,在技术创新这一基础上,数字金融主要从下列两个方面来助力产业结构升级。

1. 资本形成促进产业结构形成

金融服务部门对储蓄率、投资率的调整变化有着重要影响,在此基础上,其对资金流向和分配结构也产生了影响,进而对生产要素在各行业的分配也产生了影响,最终令产业结构的调整与升级也受到相应的影响。从近几年市场经济的发展情况来看,现在的市场既非垄断竞争市场,也非完全竞争市场,这就使得技术落后、经营规模小的产业群体难以“自救”。这些产业要想重获新生,就必须从技术创新着手,引进高新技术。金融发展是高新产业发展的重要条件,在如今的经济形势下,数字金融随着金融业的创新而出现,其具有对社会资源重新进行调整,促进金融服务公平化等重要作用。通过数字金融对资金、资本、资源进行合理分配,能最大限度地实现储蓄效用的最优化和投资效用的最大化。

商业模式的变革本身就离不开技术这一要素,技术创新是不可缺少的原动力。在互联网社会,技术变革为人际交流和经济往来打破了时空限制,为金融突破创新和进一步发展提供了重要的条件。数字金融作为具有创新性的金融方式大大降低了市场经济中的信息获取成本、评估成本以及交易成本。数字技术影响商业模式主要表现在多个维度上,包括消费者识别和参与维度、企业价值交付及变现维度等。传统金融模式下的线下单一消费方式也因数字金融的出现而发生了变化,线上交易应运而生,价值交付环节发生变化,交易成本降低,也使第三产业迎来了历史性的重大发展机遇。例如,电子商务随着支付宝的出现而快速发展,线上电子商务与配套的线下商务逐渐形成了完整的产业链。数字金融的出现也使得农村的生产模式由单一走向多元,产销结合的模式促进了农村产业链的形成和农村产业结构的优化,大大提高了农业生产效率,改善了农民的生活水平。

现阶段,线上经济和线下经济在数字支付技术的不断完善的过程中有机结合起来,社会经济发展理念发生了转变,新创企业不断出现,这些新的商业机会就是数字金融发展带来的,且有力地推动了产业结构的优化,也在一定程度上解决了社会就业难的问题。

2. 数字金融促进不发达产业的技术创新和结构优化

不发达产业存在金融约束和金融限制等问题,数字金融的出现可以帮助不发达产业解决这些问题,推动其产业结构的调整与优化,实现产业结构升级的目标。因为不确定性是技术创新的一个重要特征,这个特征使得技术创新中存在的风险具有明显的复杂性和广阔的传播性,用传统金融方式很难控制技术创新中的风险,这时数字金融就彰显出了自身的优势,即利用数字金融可以有效化解风险。数字金融作为金融发展的新模式,是随着金融管理体制的改革创新发展而来的,其和传统金融模式相比,服务面更广。传统金融机构一般不情愿为中小企业、偏远地区及贫穷群体服务,主要是因为这一过程中存在很高的交易成本和风险,而能够为他们提供服务的金融机构并不多,所以中小企业和弱势群体的借贷需求、存取款需求往往得不到满足,很难享受这些金融服务。因为金融支持的缺失,导致中小企业资金和其他资源供应不足,这也限制了其技术创新,更谈不上优化产业结构了。而依托互联网技术形成的数字金融模式能够利用现代科技手段为人们提供金融服务,金融服务质量的不断提升,也为人民生活提供了便利。

综上分析,数字金融的发展能加快企业的技术创新,促进其产业结构的优化调整和不断升级。

第三节　数字金融助力产业结构升级的经验

一、数字金融助力产业结构升级的实证研究

数字金融能对产业结构优化升级起到重要的推动作用,为证实这一观点,左文君在《数字金融助力产业结构升级的经验研究》一文中通过查找文献,归纳总结已有研究,采用我国内地 31 个省份 2011—2018 年的面板数据作为样本,通过线性模型分析、异质性分析、稳健性分析和

非线性分析等进行实证研究，最终得出以下几条结论。

第一，数字金融促进了产业结构升级。具体而言，数字金融指数上升1个单位，地区产业结构升级将会提升0.219。数字金融的覆盖广度、使用深度和数字支持服务程度都有效地促进了产业结构升级。此外，在经济发展相对落后的省份中，数字金融促进产业结构升级的作用进一步增强。

第二，以各省份专利申请数量的对数值度量技术创新。数字金融指数上升1%，地区技术创新水平将提升12.6%，可见，数字金融极大地促进了技术创新，推动了产业结构升级。此外，以发明专利申请量的对数值来测度专利质量。以实用新型专利和外观设计专利的申请量的对数值来测度专利数量，发现数字金融只对技术创新质量产生影响，而对创新数量并不会产生很明显的影响。

第三，整体来说，数字金融促进产业结构升级的作用是先小后大的非线性作用。将产业结构升级分为3个分位点，分别为0.1、0.5和0.9，回归结果显示，在产业结构升级分位点增大时，即从0.1增大到0.9时，数字金融的影响效应依次增强。①

上述结论证实了数字金融发展确实能够促进产业结构升级，这为我国通过发展数字金融推动产业结构升级的实践提供了重要的启示。

二、数字金融助力产业结构升级的经验与启示

为促进我国数字金融的不断发展和技术创新能力的进一步提升，并最终实现产业结构优化升级和经济高质量发展，现从我国数字金融发展助力产业结构升级的实证研究结论出发，结合我国国情总结数字金融助力产业结构升级的实践经验与启示，分析如下。

（一）实现数字金融覆盖广度、使用深度和数字支持服务的有机结合

数字金融由覆盖广度、使用深度和数字支持服务组成，从我国数字金融发展助力产业结构升级的实践来看，要发展数字金融，必须促进三

① 左文君．数字金融助力产业结构升级的经验研究[D].武汉：华中师范大学，2020.

者的有机结合。

一方面，政府要在国家政策引导的基础上扩大对数字金融的宣传，让更多的民众了解数字金融，同时及时总结数字金融发展快速的地区的成功经验，为其他省份提供分层指导。

另一方面，政府要加大对数字金融落后地区的资金支持，给予政策优惠。具体包括加强这些地区的金融基础设施建设，给予资金、技术等支持，促进这些地区经济的发展，带动数字金融发展，提高其数字金融发展水平。

总而言之，政府要增加各省份间的交流，鼓励数字金融发展落后的地区学习东部地区的成功经验，参考相关政策，促进自身数字金融的发展。

（二）发展数字金融，完善金融资源积累，激励技术创新

金融支持能够促进产业创新，如果一个地区金融发展落后或不平衡，就会对该地区产业的创新造成严重制约。为促进产业创新和结构优化，我国鼓励传统金融与数字技术（移动互联网、大数据、云计算等）的有机结合，鼓励金融业与互联网科技的深度融合，提高数字金融的发展水平，并利用数字金融去降低信息成本，提高资源的配置效率。

数字金融的产生就是金融业利用先进技术进行创新的成果，既然是行业的创新，就必然存在风险，因此要将数字金融的发展效率控制好，避免数字金融发展失控而制约产业结构的合理化与高度化发展。我国政府为进一步发展数字金融，在其风险控制和监督管理等方面做了诸多努力，如组织对不同区域数字金融发展现状的实证研究，将各地在发展数字金融方面采取的较为成熟的和前景良好的具体措施提炼出来，然后，国家层面制定数字金融发展规划，提出在推动数字金融服务广度与服务深度的过程中要将数字技术与金融科技充分利用起来，地方有关部门也提出了与自身职责范围相符的一些措施，形成了上下统一的政策体系。

政府也应充分认识数字金融发展指数的预示作用，并利用这个作用来监督、评估各省份的数字金融发展概况，为各地产业结构的转型升级提供支撑。政府强调要不断提升各地的数字金融发展水平，扩大数字金融发展规模和服务边界，继续加强金融基础性服务建设，加大对金融产

品的创新力度，促进金融产品和服务的多样化发展。

我国在应用金融科技的过程中，应当保持大国速度，并吸取发达国家的经验，开发适合我国数字金融发展情况的新兴技术，进一步促进我国产业结构的升级。

（三）数字金融通过技术创新渠道推动产业结构升级

数字金融通过技术创新渠道对产业结构升级产生积极影响，因此需要继续推进我国数字金融的发展，利用数字金融激励技术创新，促进我国产业结构的优化升级。

一方面，我国要增加对各省份的科研投入，鼓励各地技术创新，加大对创新型企业的财政支出，提高整体技术创新水平，促进不同地区产业结构的升级。

另一方面，我国在通过技术创新促进产业结构升级的过程中，应进一步宣传与推广数字金融。政府应当探索新兴的产融结合模式，充分利用银行等金融中介机构的信息优势，转变金融机构的经营思路，提高金融资本对新创企业的支持力度，引导资金向这些产业的流动，推动产业结构的高级化演进与发展。

总之，通过数字金融发展带动技术创新进。推动产业结构升级，是我国实现经济高质量发展的必经之路。在数字金融、技术创新、产业结构升级的互动中，我国要继续深化金融体制改革，建设与完善数字金融体系，进一步实施创新驱动战略，以此扩大金融服务的覆盖面。同时，各地要贯彻落实金融政策，保证高科技企业、中小企业和农村地区等都可以获得有效的金融产品、金融服务和金融政策支持，以缓解我国产业发展不协调和不均衡的问题，尽快实现产业结构升级和经济高质量发展的目标。

第六章　中观路径——数字金融助力行业创新

互联网在金融领域扎根后,对传统行业造成了严重的冲击。深受影响的传统行业的发展模式已经不能适应数字化时代的发展需求,也不能满足企业的发展之需,必须通过改革与创新来积极应战,如此才能立足社会,实现持续发展目标。行业创新是数字金融背景下经济高质量发展的重要路径。本章重点对此展开研究,主要内容包括数字金融颠覆传统行业、信贷征信行业新发展、传统银行的数字化转型、金融服务业创新以及供应链金融支持制造业转型。

第一节　数字金融颠覆传统行业

数字金融兴起后,传统行业深受影响,有的传统行业积极应战,主动转型,抓住数字金融发展的时代机遇获得了良好的发展。而有的行业十分被动,依然沿用传统发展模式,无法及时适应不断变化的市场经济,因此受到了严重的冲击,甚至一蹶不振。本节主要选择几个代表性行业进行分析,包括支付业、保险业、房地产业、零售业和小贷业。

一、支付业

数字金融背景下,移动支付的出现改变了人们的支付习惯,传统支付业受到严重冲击,处境艰难。

改革开放后,市场经济体制主体地位的确立促进了市场经济的快速发展,在交易市场,现金交易成为主流,计划经济体制下的凭票供应的交易方式逐渐退出市场。后来随着金融业的兴起和快速发展,交易市场出现了除现金支付外的新的交易方式,即 POS 交易,我们迎来了银联的时代。

进入 21 世纪后,第三方支付机构和第三方支付方式随着电子商务的快速发展而诞生。此后,第三方支付在线上交易中成为主要交易方式。支付宝服务在 2003 年最先由淘宝网推出,随后,支付宝成为独立的支付平台,而且是我国最大的第三方支付平台,它的出现大大推动了线上交易市场的繁荣发展。2005 年,腾讯也推出了在线支付平台——财付通,其与支付宝在 2011 年正式获得第三方支付牌照,而且是由央行颁发的,此后在线支付不仅是线上交易市场的重要交易方式,而且也向线下交易市场拓展。一些互联网巨头如百度等也开始积极开发移动支付技术,拓展属于自己的移动支付功能。

移动互联网的快速发展冲击了传统互联网,移动支付方式也相应地冲击了传统支付方式(现金交易、POS 交易),渐渐占据主流地位的移动支付深受互联网用户和移动终端用户的青睐。

总之,在数字化时代,交易市场的主流交易方式已经变成移动支付,这一主流支付方式还具有大数据的增值功能,打破了传统的支付格局。随着数字金融在多个领域的进一步渗透,传统支付行业将持续受到冲击,被严重颠覆到“面目全非”。

二、保险业

保险业面对数字金融的颠覆和挑战,能够主动出击,积极应战,进军互联网,在产品研发方面推陈出新,虽然艰难,但发展较好。

在数字金融的浪潮中,保险业表现出“不好欺负”的一面,主动出击,向互联网市场进军,积极探索“互联网 + 保险”的新兴发展模式,以维持自身的发展。

“大数定律”是保险业中非常重要的一个经营理论,该理论关系着保险行业经营的稳定性,也与给付和补偿的实现程度息息相关。因此,在保险业中非常重视数据的采集工作。随着互联网的不断发展,保险业逐渐运用云计算、大数据等新型互联网技术来存储与计算数据,渐渐推出了互联网保险。

众安在线财产保险股份有限公司是我国第一家互联网保险企业，成立于2013年11月，由中国平安、腾讯和阿里巴巴联手推出，该企业通过互联网平台销售保险，并提供在线售后服务和理赔服务。该企业成立后，不断开发适合在线销售的保险产品，获得了很多商户的认可。之后，其他一些大型保险公司也积极联手互联网企业共同开发互联网保险产品，现在，互联网保险产品琳琅满目，给人们提供了更多的选择空间。

保险业在数字金融的冲击下并没有被打败，这一方面与保险行业积极应战，主动转变发展理念，探索新的发展模式有关，另一方面也与保险业自身的天然优势有关。保险业在我国属于朝阳产业，改革开放以来，该产业在我国发展势头强劲，取得了可观的成绩，为国家经济发展贡献了自己的力量。但是与发达国家的保险业相比，我国保险业的发展还很滞后。保险业的经营流程中没有像制造业那样复杂的环节，如生产环节、存储环节、运输环节等，保单是基于用户的需求、意向、购买能力而生成的。正因为有这个优势，在数字金融的时代背景下，保险业可以抓住这一重要的时代机遇，探索新的发展模式，实现更好的发展。

三、房地产业

我国经济近年来高速发展，再加上城市化建设进程的快速推进，房屋建筑面积和规模不断增加与扩大，房地产业取得了有目共睹的好成绩，极大地推动了我国市场经济的繁荣发展。但是，由于房价近几年持续上涨，政府制定相关的紧缩政策出面调控，一定程度上打击了房地产业的发展势头。与此同时，数字金融也逐渐渗透房地产业，影响了房地产业的发展。

目前，互联网推出许多房地产金融产品，为低迷的房地产业注入了新鲜的血液。但从根本上来看，这解决不了房地产业的根本问题，而且房地产业投资本身就有很大的风险，将线下风险转移到线上只会进一步增加不确定性，管控起来难度很大。

数字金融对房地产业的影响很大，房地产业面对数字金融发起的“战争”，以积极的态度应战，致力于探索跨界新模式，在市场经济中展现出新的活力。

面对数字金融这一新面孔，房地产业应对态度积极、乐观，主动与数字金融合作，共同开发互联网金融产品。

四、零售业

零售业与居民的日常生活密切关联。改革开放以来，我国零售业发展速度极快，而且发展模式较为成熟，取得了良好的成就。但随着数字金融时代的到来，大众的消费方式发生了巨大的转变，线上消费成为人们日常消费的主要方式之一，这在很大程度上冲击了线下零售业的发展。随着互联网技术的发展和互联网销售平台的兴起，传统零售业受到了电商的沉重打击，陷入衰退的境地，如果不及时变革和创新，将会面临被市场淘汰的危险。

在互联网时代，传统零售商应树立互联网经营观念，对数字化发展模式进行探索，积极进行顺应时代潮流的转型发展。

互联网企业向来积极主动地适应时代的发展形势，传统零售业虽然面临艰难处境，但是零售业所服务的群体依然是庞大的消费者，消费者并没有因为传统零售业的艰难处境而减少，只是转变了消费方式，从线下消费转为线上消费，通过“网购”满足自己对零售产品的需求。对此，互联网企业在零售业领域“大做文章”，面向零售业消费者提供金融服务。

总之，传统零售业被电子商务、赊账服务严重打击，消费者的线上消费越来越普遍，消费金融在数字金融时代的发展空间十分广阔。

第二节　信贷征信行业新发展

一、数字金融背景下我国征信行业的新发展

（一）个人征信市场前景广阔

数字金融的发展催生了对个人征信市场化的迫切需求，具体表现在以下两个方面。

第一，互联网消费金融公司在发放消费信贷时，面临央行征信系统对线上人群覆盖率低，线上群体个人征信数据缺失的问题，难以满足消

费金融的需要，促使互联网企业自建征信部门或者与其他市场化征信机构合作收集征信数据，从而逐渐成为弥补央行数据短板的重要部分。

第二，笔数多、金额小、纯信用的借贷平台需要广泛收集资金需求方的信用信息，进行多维度刻画，风险范围、风险环节更加宽泛。但按照相关法律规定，借贷平台很难直接接入央行征信中心系统查询客户信用信息，通过线下对借贷方进行信用审查难度大、成本高，需要与个人征信市场化机构合作来健全平台风控体系。

（二）大数据征信成为发展趋势

一切征信产品和服务都是建立在数据的基础上的，对数据的获取与挖掘能力是征信机构的核心能力。个人征信的数据主要分为基本信息、还款能力、负债记录、行为特征、社交资料、公共记录信息六个维度。必须广泛采集这六个维度的信息才能使征信数据产生价值，采集的过程中还要处理冗余信息，搭建模型进行加权分析，形成征信产品。

数字金融背景下，新型征信机构运用大数据、云计算等技术，与互联网海量数据深度融合，形成“大数据征信”，且成为一大发展趋势。互联网征信机构依托股东所搭建的平台，以低成本收集海量数据形成先发优势，通过技术整合应用于多种场景。其中，腾讯征信依托财付通数据以及社交数据（不含微信私聊数据）；芝麻信用依托阿里巴巴下属电商交易信息以及支付宝、余额宝采集的个人信用信息数据。其他征信机构依靠多年的风险评估经验、特色征信数据，深耕细分征信市场领域。这些机构利用海量化、维度广的大数据服务多种生活应用场景，在个人征信业的覆盖面和层次性上不断拓展与提升。

二、推动信贷征信行业数字化创新发展的建议

针对数字金融背景下信贷征信行业发展中存在的问题，可以采取以下途径予以解决，以进一步推动信贷征信行业的数字化创新与发展。

（一）构建征信信息共享机制

要实现征信信息共享，可通过以下几方面努力。

首先,政府出台关于信息共享的强制性政策,或由行业协会主导将行业对接标准统一确定下来,构建大型征信数据库,从技术上支持接入机构,为其采集信息、搭建数据库、构建评估标准提供便利,同时政府可针对接入机构出台一些优惠性的税收政策。

其次,将央行征信系统逐步纳入网贷平台信息,在很大程度上共享个人信贷和中小企业信贷的相关信息,在央行征信系统与网贷机构之间构建通畅的信息共享渠道。

最后,相关主体本着自愿的原则将数据报送给第三方公司,关键要从自身需求出发,建立信用体系,将征信产品统一对外输出。独立的第三方征信机构将数据收集、汇总,第三方征信公司的运营可以由各股东机构参与,股东机构和第三方公司共同将个人征信数据的采集模式确立下来,使金融机构规范自身的征信内控制度,促进服务人员素质的提升,打通业务流程的各个节点,最终构建成从采集信息到报送信息再到使用信息的完整统一模式。

(二)加强对个人信息的保护力度

首先,对网络平台采集授权制度予以建立并不断健全,从制度层面充分保障个人信息安全,规范对个人信息的采集和使用。相关制度中要明确征信机构可以在哪些范围内采集个人信息,规范与约束征信机构的采集权利。统一征信机构采集与使用个人信息的相关标准,预防征信机构对个人隐私的无节制挖掘。征信机构只有在合理范围内采集个人信息,并使个人清楚征信机构对自身信息的使用情况,才能对个人的正当权益予以维护。

其次,征信机构要加强在技术防范上的工作,树立保护信息的意识,切实维护各信息主体的权益,防止信息泄露。此外,积极培养网络技术人才,提高保护信息的专业性、实效性,通过专业人才来防范泄漏风险。另外也要加强对监管方式的创新,并顺应时代发展,探索多元化的监管方式,落实各项监管工作,提高监管手段的科技性与实效性,保障监管的效果。

最后,作为金融市场的重要活动主体,征信机构采集与使用个人信息必须符合政府的政策要求,而且也要主动参与对个人信息安全的保护工作，配合政府共同对个人正当权益予以全方位保护。当前，越来越多的数字金融机构从事个人征信业务，但是对新兴金融机构进入征信行业缺乏严格的审核规范和统一的准入标准，对此，政府部门或行业协会应积极制定标准，对金融机构进入征信行业的流程予以规范。采用实名制对用户信息进行严格审核，杜绝虚假信息。公安系统、银行系统、社保系统及征信机构共同建立联合信息系统，对比分析用户的申请资料与其在公安和银行机构中留下的个人信息，保证个人信息真实、安全。此外，还要通过开发人脸识别、指纹识别等技术来促进安全认证服务的不断完善。

（三）完善征信法律制度体系

政府部门要积极制定与出台信贷征信业的相关法律法规，完善法律体系，并从数字金融背景下征信行业发展中出现的新问题着手，提高对规章制度制定的针对性和实效性，营造良好的法律环境来约束征信行业在数字金融背景下的行为。此外，关于个人征信中收集、使用信息以及维护信息安全等行为，也要加强立法规范，通过落实网络实名制、电子签名等措施切实保护个人信息安全，防止个人隐私信息的泄露。关于征信行业的法律制度体系应该是全方位、多角度的，全面规范与保障征信行业的健康发展。行业协会要将自身的纽带功能充分发挥出来，为各征信机构之间的合作、交流搭建良好的平台，防止恶性竞争，营造和谐、公平竞争的市场氛围。此外，为了更好地对用户的合法权益予以保护，打击信息泄露现象，要不断建立与健全用户反馈和投诉机制，对于征信机构中存在的不良行为，用户可通过正规渠道检举、揭露，由行业协会或公安部门予以严格处理。

第三节　传统银行的数字化转型

一、传统银行数字化转型的挑战

传统银行数字化转型主要是借助数字化、智能化手段，为大众客户提供个人化定制服务，并提升对公司机构客户的定制化服务水平。传统银行的数字化转型面临以下几方面的重大挑战。

(一)技术挑战

早期的企业 IT 架构为打通系统孤岛,各个系统间采用单点连接的方式。随着被开发的系统越来越多,这种集成方式演变成复杂的“蜘蛛网”,存在操作复杂、敏捷度低等问题。因此必须打造出耦合的混合云集成平台,实现孤岛系统的数据融合、应用重组和业务构建,形成 API(application programming interface,应用程序编程接口)构建平台、AP(access point,无线接入点)管理平台和集成编排平台的流畅架构,这将给数字化转型中的传统银行带来巨大的技术挑战。

(二)文化挑战

传统银行数字化转型中,要实现从项目管理到产品管理的转化,就要创造新的运营机制,这就涉及对原有企业文化的重塑问题。倘若传统银行的现有企业文化不重视数字化转型发展,故步自封,那么容易对跨业务部门的相互协调造成严重制约,从而在很大程度上阻碍数字化转型。

(三)客户信息安全和隐私挑战

信息科技给个人和企业都带来了极大的便利,但同时也使个人信息安全面临威胁。网络上常常报道出个人信息被泄露,互联网诈骗等恶劣事件,因此必须加强对个人隐私信息与安全的高度关注。此外,在大数据时代,银行在全面获取客户信息的同时,还需要对客户的隐私边界进行准确分辨,制定明确的规章制度来对数据使用权限予以约束。

(四)建立数字化 KPI 的挑战

传统银行数字化转型中需要建立新的考核度量标准。数字化 KPI(key performance indicator,关键绩效指标考核)使企业管理者能够对数字业务计划的影响力进行衡量,并根据可测量的价值和性能重新校准和调整数字化模式。良好的指标能影响预算分配、业务流程改进等重大决策,然而目前传统银行数字化转型中数字化 KPI 的建立还不够成熟,需要进一步完善。

二、传统银行数字化转型的现状和趋势

（一）商业银行数字化转型现状

面对产业革命和科技革命的双重影响，国内商业银行纷纷加入数字化转型浪潮，结合自身的规模、业务战略、经营模式、金融科技能力等因素，由内而外地从组织、文化、架构、技术、生态等多个层面发起变革，并已取得了一些阶段性成果。

在数字化转型过程中，国内商业银行逐渐从“以产品为中心”向“以客户为中心”转型，以数据为基础，以数字技术为手段，综合运用新理念、新技术、新方法，将客户、场景、产品、服务等转化为数字形态，提升数字化产品服务、运营、风控、合作方赋能等能力，持续推动业务领域的数字化转型，对内、对外赋能。国内传统银行从产品服务、运营管理、风险防控、合作方生态等方面的数字化转型取得了一定成果。

1. 打造数字化产品服务，提升客户体验

客户越来越强调自身体验，金融服务需求的个性化、差异化特点更加突出，银行服务已逐渐从“产品驱动”转向“客户驱动”，借助数字化的技术手段，商业银行不断创新产品服务，持续建设数字化服务渠道，丰富客户服务渠道和手段，创新升级营销方式，提升客户体验感与忠诚度。

2. 构建数字化运营体系，实现降本增效

银行内部运营数字化水平是银行对外服务的驱动力，影响着业务办理效率和服务体验，国内商业银行积极拥抱数字化技术，构建线上线下一体化运营模式，建设自动集约化的运营管理平台，在此基础上优化业务流程、创新业务运营服务模式，提升服务质量，实现降本增效。

3. 推进全流程风险量化管理建设，提升风险管控能力

随着5G技术的商业化应用，万物互联数字化时代已经到来，商业银行基于丰富的银行业务数据以及外部数据（如企业经营、政府管理、社会信用、供应链等数据），通过应用大数据、人工智能、云计算、生物识

别、物联网等新技术，构建全面量化的风险识别管理模式，实现风险管控从“人控”到“数控”的转变，并逐步向“智控”转变。

4. 探索共享融合的数字化生态体系，创新服务模式

在开放融合的时代，商业银行将加速与其他行业的融合，通过“输出”与“引入”相结合的策略，打造场景金融，建立开放、合作、共赢的金融服务生态体系，构建 GBC 端（政府端，goverment；企业端，business；消费者端，customer）联动的服务新模式。

（二）商业银行数字化转型趋势

随着 5G、量子计算、多方安全计算等数字化技术的快速发展，技术和金融加速融合，银行数字化转型加速，数据资源价值将更为凸显，金融产品服务将更加智能化，业务场景结合将更为紧密，经营管理模式将更加高效，商业银行的数字化转型总体上将呈现以下趋势。

1. 数据来源与形式将会更丰富，数据价值将会更突出

随着 5G、物联网、音视频等技术的发展，银行借助数字化技术无缝感知客户，获取数字化时代赖以生存的数据生产要素，满足“数字经济”时代经营发展转型与市场拓展竞争需要。同时多方安全计算等隐私保护技术快速发展可以实现数据“可用不可见”，将推进金融数据与行业数据、政府数据等融合，加速数据要素市场建设。后续银行数据来源与形式等将进一步加大和丰富，数据作为银行生产要素的作用和地位将会更加突出。

2. 智能化技术将会规模化应用，金融业务更加智能化

随着 NLP（Neuro-Linguistic Programming，神经语言程序学）、计算机视觉、生物识别、RPA（Robotic Process Automation，机器人流程自动化）、语音交互等技术能力的提升及门槛的降低，银行业丰富的金融大数据蕴含的价值将被充分发掘，为产品、流程、渠道、运营、营销、风控等传统金融服务体系带来智能化应用提升，并形成规模化应用，甚至能够对一些复杂程度高的金融业务做出科学预测及决策参考。

3. 银行服务将会全面开放，场景式金融提升客户体验

随着银行监管政策及标准规范的逐步完善，开放银行将进入高速规范发展期，通过丰富服务模式、拓展行业范围及特色场景，逐步构建金融与非金融一体化、开放多元的服务模式，实现安全、便捷、无感、无界的客户体验，随时随地为客户提供全方位服务。

4. 银行业将加深与产业融合，生态体系实现多方共赢

主要商业银行正在逐步建设自己的行业生态，也将会更密切地融入各个行业生态中。未来，一方面，围绕金融机构的科技体系将会形成生态共同体，金融机构将联合头部企业，优势互补，在基础设施、开放化业务系统建设、产品服务等方面，共同合作输出行业解决方案；另一方面，银行将与其他行业更加密切地合作，在数据共享、模型建设、平台搭建、产品设计、人才培养等方面进行合作，打造全用户渗透、全市场对接、全业务协同、全流程联动的金融生态体系。

三、传统银行数字化转型及发展的建议

（一）以科技创新引领业务转型发展

加强对新兴互联网技术的场景挖掘与实际运用，重点支持多个关键业务领域的产品创新与转型发展，以技术创新推动业务流程重塑、业务模式创新以及业务生态拓展。

（二）重视数字化顶层设计

传统银行顺应数字金融发展的趋势及时了解和预测，灵活调整战略决策，加强数字发展的总体规划和顶层设计，形成综合性战略布局。同时，积极建设数字化核心平台，与外部机构合作，致力于对关键应用技术攻关的研究，通过持续的资金投入保障数字化转型计划的有序落实。

（三）加强组织形式的创新

直销银行与传统网络银行业务的主要区别不是获客渠道，而是需要

建立独立的客户经营、服务及产品设计、风险管控体系，借鉴互联网、金融科技、生态圈等多种手段，再造一个“子银行”。未来可充分利用各股东优势设立直销银行，围绕“智能制造的产业链”和“智能生活的生态链”提供全方位的金融与非金融服务，加强母行与子公司的协同联动，借助场景引流扩大市场渠道，并通过培养优秀科技人才队伍来提供科技和人力支撑。

（四）推动新一代智能化网点转型

第一，深入研究网点业态与定位，形成多方位的网点管理体系（包括旗舰店、综合性网点、专业网点、全自助银行等），并加强针对不同业态网点的产能管理。

第二，推动网点的智能化转型，使用新技术、新设备，在推广智能设备的同时，与柜面交易的流程优化、柜面人员的分流以及加强客户营销团队等相结合，提高客户体验。[①]

四、传统银行数字化转型的经验

股份制银行是传统银行中数字化转型的积极参与者。股份制银行本身具有一定的客户基础与市场规模，也具有强烈的革新诉求，具备数字化转型的潜质。行业领先股份制银行[②]的成功经验为银行业的数字化转型提供了借鉴，行业领先股份制银行数字化转型的路径及经验如图6-1所示。

部分股份制银行不断提高互联网业务能力，包括全新的移动前台、互联网业务中台、分布式后台，打造平台化的互联网移动业务，并在转型过程中取得了一定的成就，为其他传统银行的数字化转型提供了启发与经验借鉴。

① 赵志宏．敏捷银行 金融供给侧蝶变[M]．北京：中国金融出版社，2019．
② 这里指银行业整体竞争力领先的股份制银行。

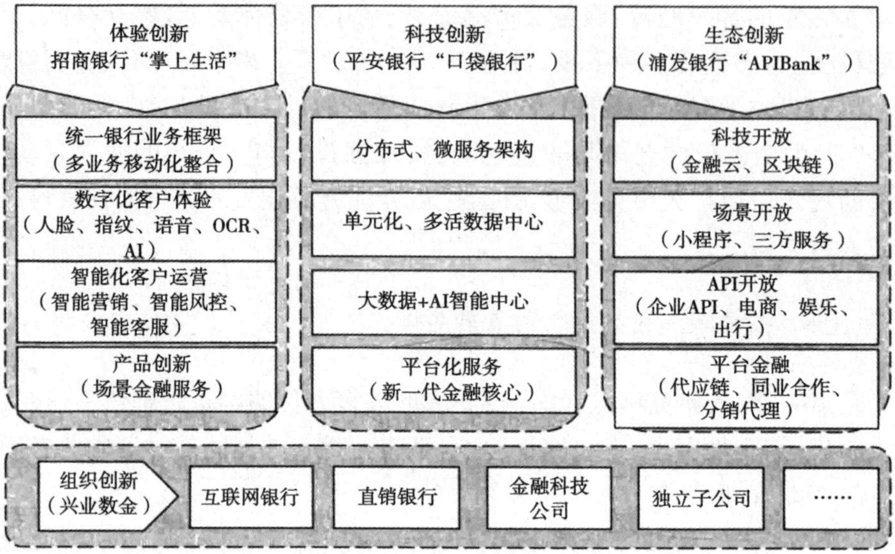

图 6-1　领先股份制银行数字化转型的路径与经验①

第四节　金融服务业创新

一、我国金融服务业创新的必要性

（一）适应市场竞争的必然要求

随着经济发展水平的不断提高，市场经济主体面临着越来越激烈的竞争，承担很大的竞争压力。在我国社会主义市场经济发展中，金融服务业肩负重任，市场主体需要在金融服务业中完成一些必要的经济任务。市场经济发展到今天，人们对金融服务方面的要求越来越多，也越来越强烈，人们日益增长的需求在原有金融服务体系上已得不到满足，可见金融服务业的创新是必然的。只有不断完善金融服务体系，加强改革与创新，才能适应激烈的市场竞争环境，使消费者的经济生活需求得到满足。

① 赵志宏．敏捷银行 金融供给侧蝶变[M]．北京：中国金融出版社，2019.

（二）顺应客户变化的需要

我国加入世贸组织后，国内经济与国外经济接轨，推动我国经济呈现出高速发展的趋势。在这一背景下，传统金融服务体系已然不能满足我国向国际经济市场拓展业务的需要。随着金融行业改革的不断深化，银行客户也在很多方面发生了明显的变化，而这些变化为金融服务业的创新提出了一定的要求，只有不断创新才能满足客户不断变化和增长的需求。

银行客户的变化首先体现在知识素养不断提升，对金融知识有了较多的了解，因此鉴别与评价金融服务质量的能力也得到提高。很多客户开始对原有金融服务体系表示不满意，客户对于金融服务业的要求越来越高，不仅包括融资成本与收益方面的要求，还包括个性化服务要求、体验要求、尊重要求、个人价值要求等。要满足这些多元化的要求，金融服务业不得不走创新之路，如此才能留住客户，吸引新客户。

此外，银行客户的变化还表现为主动权的增加，客户自主选择金融产品、金融服务的权利需要得到尊重，而且金融服务业也要不断创造新的产品和服务，为客户提供更多的选择空间。

（三）扩大市场和增加利润的内在需要

在我国，银行服务是金融服务业的主要业务领域。在数字化时代，我国银行发展面临诸多挑战，一方面是客户不断增长的金融服务需求与原有服务体制之间的矛盾越来越突出，另一方面是国外银行的发展及其向国内市场的拓展严重影响了我国传统银行的业务。面对国内外的双重挑战，金融服务业陷入困境。这种情况下，金融服务业只有不断完善自身体系，加大创新力度，满足老客户不断增长的多元化需求，并吸引更多新的客户，才能在金融市场占有一定的份额，使自己的市场地位得到巩固，并获得更多的发展机遇，更好更快地实现可持续发展的目标。

二、数字金融背景下金融服务业的发展现状分析

在新经济时代，任何一个行业随时都可能发生颠覆式的发展与变

革。在互联网金融背景下,科技金融的理念深入人心,传统金融行业联合互联网公司共同推出的互联网金融产品极大地满足了用户的需求,为用户提供了便捷而高效的服务。人们的金融习惯也随着互联网金融产品的出现而发生了改变。互联网金融的发展使传统金融的经营模式发生了颠覆性的转变,未来金融市场也必然会出现一系列的新变化和新面貌。传统金融的发展以政府的宏观调控为依托,但在市场经济下这一模式的问题越来越多,而数字科技金融模式使传统模式发生了根本性的转变,为我国金融市场的繁荣发展注入了新的血液与活力,使传统金融市场的不足得到了弥补,原来的空白得到了填充。在数字金融快速发展的今天,研究金融服务业的数字化创新与科技化创新具有重要的现实意义,不仅对金融服务业本身的发展有促进意义,也对数字金融的发展及经济的高质量发展具有重要意义。

下面具体分析我国金融服务业在数字金融背景下的发展现状与存在的主要问题。

(一)金融服务业发展现状

1. 融资方式多样化

现阶段,我国金融服务业的融资方式越来越多样化,除了传统金融服务体系中由政府提供融资服务这一传统融资方式外,一些新型融资方式如股权众筹、小额贷款、科技银行贷款等也随着时代的进步尤其是数字金融的发展而出现。这些新型融资方式为客户贷款提供了便利,解决了很多企业尤其是中小企业的融资问题,因此在互联网时代越来越受认可与欢迎,也对传统金融服务业造成了一定的冲击。

2. 加强政策扶持力度

我国政府非常注重科技与金融的融合发展,为响应号召,地方政府积极出台相关政策来推动金融与科技的深度融合发展,其中财税方面的政策与法规不断健全,有效扶持与推动了金融服务业的发展。此外,我国不断健全金融业法律法规,尤其是科技金融领域的法律法规,促进了科技金融发展中资源优化配置效率的提高、服务能力的提升、科技金融平台的完善以及金融服务科技创新的发展。

3. 互联网金融大众化

现在，第三方支付平台的出现深刻改变了消费者的支付习惯，越来越多的电商开发属于自己的第三方支付平台，为线上消费者提供便捷的支付服务，提高支付的效率。微信支付、支付宝支付、财付通支付等已成为消费者现代生活中不可或缺的组成部分。传统金融支付模式在第三方支付平台快速发展的今天受到了严重的打击，因此必须加强数字化转型与科技化发展，适应数字金融时代的新潮流。

（二）金融服务业发展的问题

1. 监管政策有待健全

随着金融服务业科技化改革与发展的推进，我国面向传统金融服务业出台的金融法律法规在全新的金融服务体系中已经不能完全适用。而且，数字科技金融服务业包含很多复杂的金融业务，如果沿用传统法律法规，容易让一些科技企业钻漏洞，出现不正当竞争行为，影响金融服务市场竞争的公平性，影响科技金融的可持续发展。因此，针对科技金融服务业的法律法规有待出台与完善。

2. 客户信息的安全性面临威胁

依托云计算、大数据等新型互联网技术发展起来的数字金融服务业给客户带来了极大的便利，但与此同时也出现了大量有关客户信息泄露的安全事故。病毒、黑客攻击互联网金融服务运行平台，或人为恶意操作等都有可能泄露客户隐私，伴随而来的是互联网欺诈等恶劣事件的发生，严重损害了客户的权益和隐私安全。因此在金融服务业创新发展中，必须加强对金融服务平台的风险监管，提高风险管理的效率。

3. 科技金融服务平台有待创新

现阶段，我国很多科技金融服务平台采用独立运作模式，该模式的主要问题是功能结构简单，搜索信息有区域限制，缺乏良好的综合服务能力等。互联网金融时代倡导的是“开放、平等、协作、分享”的理念，如果平台缺乏共享和开放理念，那么很难取得持久的发展。对此，要进一步加大科技金融服务平台的开放力度，实现信息共享。

4. 金融服务体系有待完善

在数字金融背景下，金融服务业与科技企业密切合作，打造科技金融服务模式，但这一新兴服务模式存在资本市场发展力度不够、金融资源配置效率低、机制结构单一等问题，制约了科技金融服务的进一步发展。因此“科技 + 金融”的金融服务体系有待完善。

三、数字金融背景下金融服务业创新发展的建议

针对我国金融服务业发展的现状与存在的一些主要问题，结合数字金融背景，提出以下创新建议与发展策略。

（一）完善金融服务业相关政策法规

在数字金融时代，很多互联网企业进军金融服务行业，对此，政府与监管部门要加强全方位的监管，包括对市场准入、市场运作以及平台运行等多方面的监管。此外，要面向科技金融服务业这一新兴的金融服务业领域出台相关政策，不能一直沿用传统法律体系，要营造良好的法律环境，充分保障科技金融服务业的稳步发展。

在建立健全这类法律体系的过程中，要对互联网金融服务、电子货币等予以规范，将电子资本流动、电子商务运作的标准和程序确立下来，加强网上银行资格认证。此外，要对支付结算的相关政策予以制定，从法律层面保障网上银行和网上金融的安全。在完善金融服务业政策体系方面，互联网金融企业要将自身的创新优势充分发挥出来，坚守法律底线，配合监管部门的各项工作。

（二）加强金融服务业信息安全防范

金融服务业应联手科技企业、互联网企业共同开发适用于网络科技金融服务领域的安全技术产品与服务，具体应该从以下两方面努力。

第一，科技企业、金融服务业、互联网企业共同致力于对能够充分保护客户隐私和个人信息安全的软件程序的研发。

第二，加强交易环节的安全防范，将身份识别、短信验证等方式充分利用起来。

第三，提高客户的安全意识。随着信息化时代的不断发展，人们的日常生活已经离不开互联网、通信设备，利用互联网和通信设备购买网络金融产品或享受金融服务时，用户要特别关注个人信息安全和保护个人隐私，避免不法分子通过不正当渠道获取个人信息，要高度重视维护自身的正当权益，保障自身的安全。

（三）加大金融服务平台的创新力度

金融服务业联合互联网企业、科技企业构建的互联网科技金融服务平台应该充分彰显共享性和开放性的优势，所以要加强对该平台运作模式的创新，并采用集成技术为用户提供"一条龙"服务，同时还要利用互联网技术提高金融产品与客户需求的匹配度。为提高互联网科技金融服务平台的综合服务能力和创新力，还要从金融产品和服务的生命周期、匹配服务、项目执行、协同管理等方面进行全方位的监管和优化，突破信息获取的地域限制，完善平台的功能结构，提高平台的综合服务效率。

（四）健全金融服务体系

我国对互联网科技金融服务体系的建立健全可借鉴金融服务业发达国家的成功经验，如加强多元化科技金融市场融资体系的构建；建立咨询智库，邀请智库专家对科技企业的成长性进行专业判断，基于此对互联网科技金融服务业的经营风险进行准确评估和严格控制管理。

第五节　供应链金融支持制造业转型

制造业的转型离不开供应链金融的支持，我们在数字金融背景下讨论供应链金融对制造业转型的支持作用，主要是指数字供应链金融的支持，而非传统供应链金融的支持，因此本节重点对数字供应链金融支持制造业转型进行分析。

一、数字供应链金融概述

数字供应链金融是供应链和金融的融合体现，它是依托产业链上的核心企业，在确保贸易真实的前提下，运用自偿性贸易融资的方式，通过应收账款、存货质押等手段封闭资金流或控制物权，且以较低的风险向供应链上的主体提供金融服务的一种模式。由此可知，数字供应链金融模式实质是把供应链上的核心企业及上下游配套企业作为一个整体，以制造业产业链为依托，以交易环节为重点，以资金调配为主线，以风险管理为保证，在整条供应链上全面展开金融服务。①

现代制造业的可持续发展离不开金融的支持，金融的良好运行需要一个健康的金融生态环境，数字供应链金融同样如此。如图 6-2 所示，以金融生态系统为基础，数字供应链金融的生态体系特征包括数字供应链金融参与主体、内部环境、外部环境。

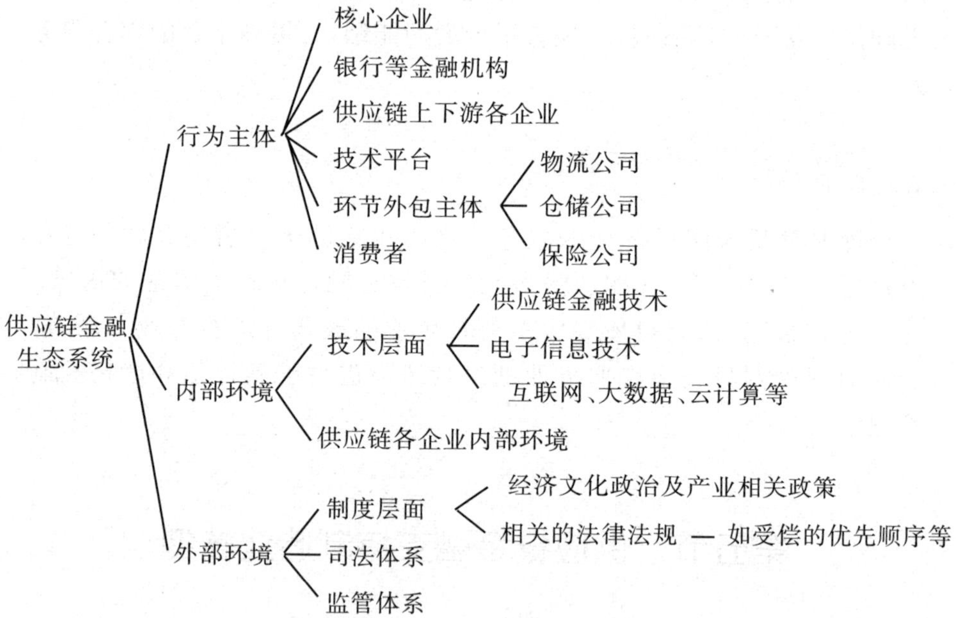

图 6-2 数字供应链金融的生态系统②

① 北京大学数字金融研究中心课题组．中华唤醒经典诵读丛书 数字金融的力量为实体经济赋能 [M]. 北京：中国人民大学出版社，2018.

② 网贷天眼研究院．互联网 + 供应链金融创新模式 [M]. 北京：中国铁道出版社，2017.

数字供应链金融的主体功能实现了“四流合一”，如图 6-3 所示，涉及产业链运营的所有部门通过商流、实物流、资金流、信息流的“四流合一”，构建面向产业链所有成员的系统性融资方案，大大提高了整个产业链的运行效率。

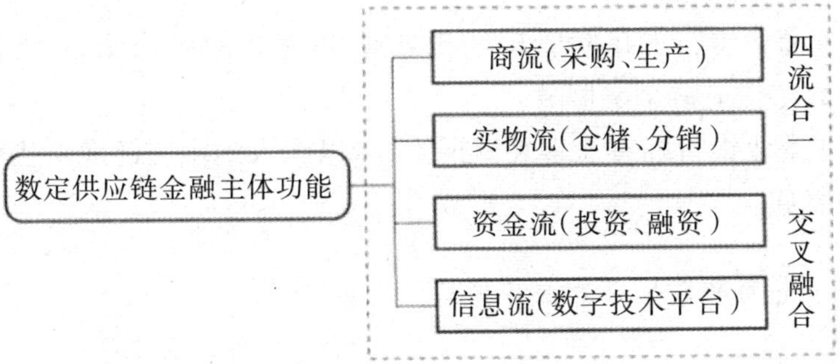

图 6-3 数字供应链金融的主体功能①

数字供应链金融与传统供应链金融都是为了满足融资需求，但是前者相对灵活，能够为企业提供个性化解决方案。传统供应链金融对产业供需较少关注，往往为单一行业或企业服务，而数字供应链金融主要是以产业供需为基础提供供应链金融服务，对贸易过程和交易过程、跨行业或跨企业服务更为重视。此外，两种供应链金融在服务对象和贷款偿还来源上也有区别。

二、供应链金融支持制造业转型的主要模式分析

（一）商业银行网上银行的主导模式

1. 模式概念

商业银行网上银行主导模式是指以制造业中小企业的真实贸易为抵押，在供应链交易的各个环节，商业银行可以根据预付款、存货、应收账款等动态模型设计针对上下游制造业企业的数字供应链金融模式。

① 北京大学数字金融研究中心课题组．中华唤醒经典诵读丛书 数字金融的力量为实体经济赋能［M］．北京：中国人民大学出版社，2018.

2. 模式优势

这种模式的优势如下。

(1)商业银行获取资金具有稳定性和成本低、规模大的优势,而且有强大的客户资源。

(2)商业银行的风险管理经验丰富,有很强的风控能力,可以跨行业提供数字供应链金融服务。

(3)商业银行拥有众多经营网点,可以深入到供应链底层提供专业的金融服务。

(二)电商平台巨头的主导模式

1. 模式概念

电商平台巨头的主导模式是指通过电商平台获取买卖双方在交易平台上的大量交易信息,并且根据客户的需求为上下游供应商和客户提供金融产品和融资服务,即电商平台凭借在商流、信息流、资金流、实物流等方面的优势,通过自有资金帮助供应商解决资金融通问题,并获得收益。

2. 模式优势

该模式的优点如下。

(1)电商平台巨头获取供应链内部交易和资金流等信息比较便捷、高效。

(2)电商平台巨头积累了大量的真实交易数据,可以通过分析和归纳借款人的经营与信用特征,运用云计算和大数据技术进行合理的风险定价和有效的风险控制。

(三)产业链核心企业的主导模式

1. 模式概念

产业链核心企业主导模式是指核心企业利用上游供应商和下游经销商的商流、信息流、物流、资金流等信息,通过下设商业保理公司、融资租赁公司、小额贷款公司、投融资平台向上下游制造业企业提供金融相关服务，商业银行或数字金融平台通过对接核心企业，为其提供金融资金服务。[①]

2. 模式优势

该模式优点如下。

（1）核心企业掌握了大量交易数据，开展供应链金融时效率高、成本低。

（2）核心企业的资源丰富，实践经验也很丰富，有能力将风险定价做好、将风控成本降低。

（3）核心企业的融资优势竞争力很突出。

① 北京大学数字金融研究中心课题组．中华唤醒经典诵读丛书 数字金融的力量为实体经济赋能[M]．北京：中国人民大学出版社，2018.

第七章　微观路径供给端——数字金融助力企业转型

数字经济时代，很多中小企业与商业银行之间在数字化水平方面存在差距，从而限制了银企联合，阻碍了企业发展。企业要获得商业银行的足够支持，适应数字经济发展的需要，就必须抓住数字金融发展带来的机遇进行数字化转型，并与商业银行的数字化水平保持同一级别，共同构建良好的数字化经济生态环境，推动经济高质量发展。本章重点从供给端角度即数字金融助力企业转型来探讨数字金融推动经济高质量发展的微观路径，具体内容包括企业转型发展中的金融支撑；数字金融对企业转型的促进作用；数字金融支持创新创业；数字金融转变企业商业模式。

第一节　企业转型发展中的金融支撑

一、金融支撑企业转型的传导机制

在产业结构调整和企业转型的过程中，金融发挥了无可替代的重要作用，这是由金融的功能与内在运行机理所决定的。金融对企业转型的支撑作用主要通过一定的传导路径得以实现，金融的这一支撑作用能否得到最大限度的发挥，关键取决于传导机制是否通畅和完善。下面具体分析金融支撑企业转型的几大传导机制。

（一）资源配置机制

1. 金融的资本集聚功能促进企业规模扩大

间接金融机构，如银行、保险公司、农村信用社等将社会闲散资金以吸收保险费、存款的方式集聚起来，使之成为具有一定规模的长期资本。企业增加投资、调整产业结构、扩大企业规模等需要稳定的资金来源，金融机构吸收的这些长期资本则是主要资金来源。这些社会资金一定程度上解决了企业在转型中面临的资金难题。

企业融资除了从间接金融机构获取资金外，也有直接渠道。企业的直接融资与证券市场息息相关。企业通过金融工具如发行债券、股票等从资本市场直接筹集资金，支撑企业加大生产投入力度，调整产业结构，扩大经营规模，实现转型发展的目标。

2. 金融的市场甄别功能有助于优化产业结构

金融具有市场甄别功能，能够对资金的流向进行引导，促进资源的优化配置。这主要从间接融资和直接融资两个方面体现出来。

在间接融资方面，间接金融机构，尤其是银行这样的机构，会严格筛选贷款企业和贷款项目，经过筛选后更倾向于为生产效率高、经营效益好的企业提供贷款资金，这有利于保障银行自身的资金流动性、安全性以及收益性。银行向企业发放贷款后，会对企业的资金流向及企业的运营情况进行跟踪了解，以确保贷款资金在企业得到了最大化的利用。

在直接融资方面，企业成功融资后，投资者有权监督企业的运营情况。投资者在购买债券和股票时，会经过慎重考虑和选择，如果企业经营方向与市场潮流相符，生产效率高，经营状况好，而且有市场前景，那么这些企业发行的债券和股票更容易受到投资者的青睐。如果企业违背市场运行规律、技术缺乏创新、经营效率低下，那么将很难获得投资和成功申请贷款，会面临严重的资金问题。可见，金融的市场甄别功能使得资金主要流向经营效率高的企业或行业，而经营落后的企业不得不通过技术创新、产业结构升级等方式来改变现状。

(二)产业整合机制

1. 资本市场为产业整合提供了重要平台和渠道

产业整合的范畴比较广,产业链上、中、下游环节不同企业的纵向合并与重组;某个环节中多个企业的横向合并与重组以及企业集团内部各部门的整合都属于产业整合的范畴。[①] 有的产业整合是以资本为纽带的,在这种整合方式下,相关企业合并共同发展,各个企业原来的优势依然存在,并能充分发挥,从而实现了企业间的优势互补与取长补短。企业实现产业整合的方式非常多,如证券市场的股权投资与转让、资产并购与资源重组、买壳上市或借壳上市等都是常见的产业整合方式。在企业集团内部的整合中,金融作为重要的纽带与工具发挥了不可替代的作用,正因为有金融这一工具的存在,企业集团的经营才更顺利地走向多元化、高级化以及国际化道路。此外,产业整合在某种程度上也是产业资本与金融资本相融合的结果。

2. 金融创新推动产业整合

金融机构为了自身利益而进行的金融创新对产业整合起到了重要的推动作用,具体表现如下。

第一,金融期货期权市场、创业板和中小企业板等股权、证券交易所的市场创新大大降低了金融风险,为产业整合创造了良好的条件。

第二,金融产品创新,如产业链融资、商标专用权质押贷款、票据发行便利、联保贷款等为企业融资提供了便利,提高了融资效率。

第三,金融机构的创新,如信用担保公司、小额贷款公司等提供金融服务和融资保障,推动中小企业产业升级。

(三)政策导向机制

政策导向促进了企业转型及产业结构的升级,具体从下列三个方面体现出来。

① 黄燕君,严谷军等.浙江民营企业转型发展中的金融支撑[M].杭州:浙江大学出版社,2012.

第一，国家通过制定政策对新兴产业的战略性投资和技术创新予以引导，推动企业技术创新和产品创新，进而促进企业升级转型。这些政策主要包括政策性担保、差别信贷政策以及税收优惠政策等。

第二，国家进出口信贷银行、开发银行等政策性金融机构通过发放优惠贷款，为企业调整产业结构、实现转型升级提供良好的条件，但金融机构限制落后企业的贷款申请。

第三，商业险金融机构的监督管理机制较为完善，对于申请贷款的企业，商业性金融机构都要进行严格的贷前审查，发放贷款后还会进行监督，对贷款资金的去向进行跟踪了解，这不仅控制了金融机构自身的风险，也促进了企业的转型。

（四）风险投资与风险分散机制

1. 风险投资

获得长远的经济利益及促进企业经济的可持续发展是企业调整产业结构和进行转型的最终目标。为达到这一目标，企业必须加大资金投入力度，这其中必然会承担较高的风险，而且需要较长时间才能看到效益和成果。对此，金融机构要提供常规性融资，投资者要承担较大的风险，而且要等较长的时间才能看到回报，需要耐心等待。符合这些特点的投资有风险投资和私募股权投资。

风险投资是指向开发高新技术或促进其产业化的中小企业提供股权资本，通过股权转让来收回投资并获取投资收益的权益性投资行为；私募股权投资是指向非上市高成长型企业提供股权资本，并为企业提供经营管理和咨询服务，以期在被投资企业成熟后，通过股权转让获取长期的资本增值的权益性投资行为。风险投资和私募股权投资为企业转型提供了资金支持，分散了风险。①

2. 风险分散

金融的风险分散机制表现在以下几个方面。

① 黄燕君，严谷军等．浙江民营企业转型发展中的金融支撑[M]．杭州：浙江大学出版社，2012．

（1）担保公司为企业融资提供信誉担保或抵押物。

（2）保险公司为企业提供财产保险、信用保险以及员工人寿保险。

（3）金融市场生态环境的优化和金融监管的加强为企业提供了良好的金融环境。

（4）金融期货期权市场为企业趋避利率、汇率、股票、债券等金融资产价格风险提供了途径和工具等。

二、推动金融服务升级，促进企业转型

企业转型与创新发展离不开金融的支撑，为更好地发挥金融的支撑功效，应进一步加强金融行业的创新发展，提高金融业的服务水平，进而更好地为企业转型升级服务。

（一）投资与财富管理方式创新

1. 拓展私人银行业务

向富裕的家庭或个人提供私密性的银行业务就是私人银行业务。一些金融发达国家的金融机构在私人银行业务方面取得了很大的成就，银行提供的私人业务涵盖多个领域，如规划投资和保险、规避资产风险、现金管理、信托、遗产管理、收藏和拍卖等，银行作为“全能理财管家”对富裕人士来说是生活中必不可少的一部分。我国应借鉴国外的成功经验，对业务范围进行拓展，为富裕家庭或个人提供优质的全能理财服务，从而将高端客户的资金及资产集聚起来。

2. 加大对投资理财业务和产品的创新力度

在投资理财方面，信托理财、结构性存款等依然是最主要的业务，在此基础上，贯彻流动性、安全性以及收益性原则，对新的理财业务和产品进行科学创新和深入开发的重点是要在债权、股权、产权的交易和投资等方面下功夫。

3. 提供差异性金融服务

城乡居民的金融理念和需求不同，要根据城乡居民的收入差异、风险偏好差异、金融需求差异有针对性地设计不同层次的产品，提供多样

化的服务，满足各类人群的金融需求。

（二）中小企业金融服务创新

第一，针对中小企业开发更多的融资方式和渠道，解决中小企业的融资难题，如无抵押贷款、小额贷款、网络银行贷款及综合授信贷款等。其中网络银行贷款是应该重点开发与完善的方式和渠道。网络银行的优点在于投资较少、成本不高、实时服务、全面服务、全天服务等。此外，和传统贷款相比，网络银行贷款对贷款抵押品的要求并不是很高，而且贷款程序简单，门槛低，对于抵押物少、融资难的中小企业来说是非常适合的融资方式。开发网络银行贷款服务，需要建立风险补偿基金，从而更好地控制风险，保障银行的利益。

第二，根据中小企业的特点和经营现状开发适宜的金融产品，提供相应的金融服务，不断拓展和创新金融服务，如在做好存、贷、汇等传统业务的基础上提供与完善金融信息服务、投资咨询服务等。

第三，提供全方位的跟踪金融服务，如在企业集中的地方设立金融分支机构。

（三）培养金融创新人才

第一，以专业技术职业任职资格互认、异地人才服务、高层次人才智力共享、专业技术人员继续教育资源共享以及公务员互派等协议为依据，鼓励优秀金融人才在各大城市之间和不同金融机构间自由流动，以优化整体用人环境。

第二，制定优惠政策和激励措施，如设立金融人才奖，修建金融人才公寓等，吸引优秀金融人才。对紧缺高端金融人才采取特事特办，给予特殊优惠政策。

第三，借助现有人才培训模式及师资力量建立紧缺人才培养及人力资源开发的互动机制，充分利用大城市的人才优势。

第四，发挥高等院校、社会培训机构和相关企业在培养和集训金融人才方面的作用与优势。①

① 黄燕君，严谷军等．浙江民营企业转型发展中的金融支撑[M]．杭州：浙江大学出版社，2012．

第二节　数字金融对企业转型的促进作用

一、构建商业银行与企业的新型关系

（一）新型关系构建的数字经济背景

特定历史条件下的社会经济、金融体制及市场经济环境的发展情况在很大程度上决定了当时商业银行与企业之间的关系定位。我国在改革开放以前，社会经济体制以计划经济为主，具有高度集中性，在这一经济背景下，金融管理体制具有“大一统”的特点，真正意义上的商业银行是不存在的，社会上的企业主要是国有企业，银行的资金流动机制其实是面向国有企业的完全供给机制。所以，我们可以用资金无偿供给关系来概括当时金融与企业之间的关系。从我国实行改革开放政策到21世纪初，市场经济的主体地位逐渐确立，社会经济发展的市场化进程不断加快，社会上陆续出现商业银行，这些金融机构建立了商业化概念，这时金融与企业的关系可以概括为“双向选择”的战略合作伙伴关系，这是由市场价值关系所决定的。至此，金融与企业间的资金无偿供给关系、服务与被服务的关系被瓦解。尽管金融与企业的关系发生了历史性的转变，但由于当时金融科技发展刚刚起步，导致金融机构与企业之间在市场信息的获取上出现了完全不对称的局面，而且商业银行的很多决策对传统信息技术手段过分依赖，银行与企业之间的关系主要靠人脉和经验去维系。21世纪以来，随着新一代互联网技术尤其是大数据在金融机构的深入渗透，商业银行在经营管理中逐渐开始运用移动终端、物联网、人工智能、云计算、区块链等新一代信息技术。在经济高质量发展的今天，经济转型的方向转变为数字化方向，金融机构的运营以新技术为主导，金融与企业的关系也因此发生了深层的转变，在数字金融背景下二者的关系具有了数字化的烙印。

（二）数字金融背景下新型关系构建的可行性

数字金融背景下商业银行与企业之间的关系发生了质的转变，二者之间建立新型关系是以二者所具备的共同特点以及共同享有的基础条件为前提的，具体表现在以下几个方面。

1. 信息透明

数字金融背景下，随着数字技术的出现和应用，金融与企业之间在传统经济模式下的信息不对称和不透明的问题得到了解决，信息的透明度、对称性以及精准度随着数字经济发展水平的提高而增加。透明、精准的信息为商业银行与企业之间建立互选关系以及各自的决策提供了可靠依据，提高了决策的科学性和准确性。

2. 广泛运用新技术

在数字金融背景下，移动终端、物联网、人工智能、云计算、区块链等新一代信息技术全面且深入地渗透到社会生产和生活中，企业的传统经营理念、运营模式也因此发生了转变，企业在降低成本和提高效率的基础上实现转型升级，使得企业在社会经济发展中的地位也发生了重大的转变。与此同时，在金融机构的整个运转过程中，科技基因深植于其中，甚至出现了由商业银行（传统金融机构）向金融科技公司的定位转变。为了适应金融机构的数字化发展进程，企业也积极进行转型升级，提高企业运营管理的自动化、数字化及科技化水平。总之，在数字金融时代，新一代信息技术在企业和商业银行中都得到了广泛的应用，为二者构建新型关系、解决信息不对称问题奠定了良好的基础。

3. 平台化运营

新一代互联网技术的应用突破了传统经济模式下金融机构与企业建立关系的时空限制，为企业与银行共享市场信息提供了良好的平台，各种网络平台之间信息互通，资源共享，从而促进了集成化超大网络信息化平台的形成。在如此巨大的虚拟平台空间下，金融机构的相关信息和企业运营的重要信息得到真实而全面的反映，该平台的存在降低了企业与商业银行之间建立关系的成本，提高了建立关系的效率。

4. 线上化管理

移动办公、异域管理、线上决策等是数字经济时代企业经营管理的基本功能,线上经营管理实现了管理与场景的分离,充分体现了数字化技术的功能与作用。数字金融背景下商业银行与企业之间的很多金融活动,如支付、申贷、审批、提款等已经完全线上化。

总之,数字金融背景下银企关系发生了根本性变化,由于二者的关系建立在新技术广泛运用的基础上,因此双方均以数据语言来沟通,信息透明全面,运营智能优化,已升华为“融为一体、同生共死”的新型银企关系。

二、缓解中小企业的融资约束

(一)降低金融服务门槛

中小企业具有发展规模小、经营不稳定、资质担保价值低、缺乏信用审核记录等特征,开发创新业务对资金投入的数额、持续性、稳定性等提出了较高的要求,因此中小企业的集资项目不被正规金融机构认可。与传统金融机构相比,数字金融通过互联网技术赋值能够以相对可负担的成本为有金融服务需求的,如中小企业提供高效、稳定的金融服务。具体来说,数字金融作为一种全新的金融创新服务模式,一方面通过打破传统金融服务对金融基础设施和地理的依赖等限制,扩大了金融服务的覆盖率,降低了中小企业金融服务需求的门槛;另一方面,数字金融通过延展其使用深度,借助多样化融资方式拓宽了中小企业的融资渠道,缓解了中小企业转型发展的资金问题。

(二)降低融资成本

以银行为代表的传统金融机构对中小企业项目融资进行信贷批复之前要经过一个很长的审核流程,以降低信贷风险,防止发生不确定事件,保护自身权益。而商业银行的常用手段是将整个审核流程中产生的人力、物力耗损成本转嫁给下游的信贷申请者,即便审核通过,中小企业所承担的融资成本也十分昂贵。此外,传统金融机构过度依赖人力、物理营业网点等金融基础设施，增加了扩大金融服务范围的难度和成本。相比而言，数字金融不仅地理穿透性极强，而且其利用先进的互联网技术从根本上改变了传统金融服务模式。以信贷业务为例，中小企业通过互联网平台在线进行信用贷款，审核流程简单，也降低了金融机构的服务成本。

(三)提高融资效率

移动终端、物联网、人工智能、云计算、区块链等先进技术的应用使得传统金融模式发生了深刻的变革，因此中小企业在传统经济形势下因抵押资质差、信息披露程度低等劣势被金融机构借贷审批拒之门外的难题得到了解决。数字金融背景下，有借贷需求的中小企业被置于大数据、云计算的系统框架内，通过搜集、整合、分析其历史交易记录，以及深入剖析、计算、预估创新项目的市场价值等，可以为企业或融资项目构造多维度信用评分指数，既方便了金融机构对中小企业的资质审核，提高了金融资源配置效率，也避免了中小企业受信息不对称的影响而被银行忽视。简化审批流程、降低融资成本使得中小企业更便捷、高效地为创新项目融资。①

第三节 数字金融支持创新创业

一、数字金融影响创新创业的主要渠道

数字金融的发展在很大程度上影响了企业的升级创新和居民的创业行为，具体从下列四个方面产生影响和发挥作用。

首先，传统金融服务有地域限制，落后地区的金融需求往往得不到满足，而数字金融打破了这一限制，落后地区即使没有银行网点，也能借助电脑、手机等终端设备享受金融服务。数字金融有普惠大众的功能。

其次，企业和居民创新创业所需的资金主要通过借贷来解决，而数

① 聂秀华，吴青．数字金融对中小企业技术创新的驱动效应研究[J]. 华东经济管理，2021，35(03)：42-53.

字金融拓宽了借贷渠道，提供多种借贷形式，不断优化借贷服务。广泛应用互联网技术的数字金融机构在借贷、支付、转账等方面都提供在线服务，不仅服务范围和内容拓展了，服务也更加便捷、高效，减少了企业创新和居民创业的成本，提高了效率。

再次，作为金融基础设施的数字金融为企业创新和居民创业提供了基础保障。数字金融为消费者与商家的线上交易提供了可利用的平台，降低了交易成本，简化了交易流程，提高了交易效率和成功率。

最后，中小企业的转型发展与技术创新面临着融资难的困境，数字金融则打破了融资难的约束，为中小企业的创新技术项目融资提供借贷服务，解决资金难题，从根本上消除了企业技术创新和转型升级的困扰。

在传统经济的发展过程中，中小企业和处于创业初级阶段的企业很难从金融机构获得资金支持，而数字金融依托数字技术、互联网技术发展起来，利用自身技术优势和平台优势有效地解决了这个问题，增加了企业创新和居民创业的可行性，扩大了中小企业的发展空间。总之，具有普惠性的数字金融对创新创业起到了巨大的支持作用，提供了根本性的帮助，产生了深远的影响，使大众创业成为可能，也在一定程度上解决了就业问题，促进了社会的和谐与稳定。

二、数字金融支持创新创业的重要表现

（一）解决融资问题，支持实体经济

由于目前针对中小企业的信用体系不健全以及中小企业规模小、经营不确定性大等情况，以个体、中小企业为代表的实体经济中坚力量一直存在着融资难、融资贵等问题。对于这些难题，一些数字金融平台可以通过明晰客户群定位、降低融资成本、提升服务效率、提高服务覆盖率和对创业群体专项扶持等措施切实支持实体经济发展。

1. 明晰客户群定位

明细客户群定位，关键要面向市场解决融资饥渴。要支持实体经济发展，往往需要有清晰的用户定位，主要瞄准以私营企业主和个体工商户为代表的自雇人群。自雇人群是民间实体经济的中流砥柱，他们通常

做小本生意，本分经营，社会关系稳定性强，诚信良好，还有可抵押的核心资产。这些自雇人群在服务业、农业、建筑业等实体经济领域广泛分布，是实体经济的中坚力量。他们的融资需求真实而急切，却难以获得匹配的金融服务，新型数字金融业务能满足这一需求，激发这部分群体的创业创新活力。

2. 提升服务效率

金融科技为金融服务业务的整个流程赋能，持续降低交易成本，提升服务效率。有关机构要确定通过科技赋能贷款全流程的战略，建立科技赋能部门，在获客、运营、风控、贷后监督等整个过程中运用大数据、人工智能等创新金融科技手段，一方面率先在网贷行业实行“抵押逻辑”向“授信逻辑”的过渡，解决平台信息不对称问题，挖掘更多潜在的自雇者；另一方面优化贷款流程，使自雇群体“等不起、耗不起”等问题得到有效解决。

（二）发挥科技优势，促进创新创业

1. 科技创新驱动供应链金融模式创新

数字金融云平台的供应链金融系统可以为包括核心企业及其链属上下游企业在内的整个供应链提供新价值。对于核心企业来说，上游企业获得融资能够保障上游供应稳定，下游企业获得融资能够增加销量。对上游企业来说，通过应收账款融资增加了资金流动性，有利于稳定和扩大生产；对下游企业来说，通过订单融资、货物融资增加了资金杠杆，有利于扩大业务规模。对于整个供应链来说，引入这类云平台的服务，可以为整个供应链提供增量资金，也可以帮助平抑供应链上不同企业由于结算造成的现金流大幅波动，为实现资源优化配置和提升供应链整体竞争力提供可能。

2. 科技引领产业链金融方向

数字金融服务的核心团队在积累商超零售行业经验的基础上，结合大数据、云计算和互联网科技研发针对商超零售供应商的专属融资产品。商超贷产品以商超零售供应商与大中型商超企业稳定的贸易关系为基础，使用发票数据作为授信依据，通过云计算技术实时采集和监测

供应商发票数据，结合第三方数据（企业征信数据、个人征信数据等），运用大数据运算模型进行风险识别和风险管理。

3. 科技提升金融服务的用户体验

云端服务系统安全、高效，企业客户可以通过网络在线完成融资申请、信用审查、授信额度调整、自助提款和自助还款等多种业务。这类云平台的服务还可以促进客户企业信息系统与云平台信息系统的对接，实现数据的实时采集和共享，降低企业融资成本。①

第四节　数字金融转变企业商业模式

随着新时代互联网技术的发展和科技的革新，社会上不断出现一些新的商业模式，近年来社会上十分流行与火热的经济模式当属共享经济，如共享单车、共享空间等。共享经济在全国扩散速度极快，共享单车、共享金融、共享图书、网约车、公寓短租等涵盖多个领域的共享项目在我国各大城市及中小城市层出不穷，其中发展速度快、规模大且收益显著的当属共享单车、网约车、公寓短租等。不仅是我国，全球共享经济都发展得如火如荼，全球化共享经济规模近年来持续扩大，而且中国市场所占的比例也不断增加。我国共享经济市场交易额近年来增长显著，可见我国共享经济发展前景十分广阔。

数字金融之所以能够催生共享经济模式，与下列几方面的条件有密切的关系。

一、年轻消费者的个性化需求催生共享经济

现在，我国的消费市场中年轻人是绝对的消费大军，年轻一代的消费需求偏向个性化、共享化，这为共享经济模式的形成提供了广阔的市场基础。共享经济出现后，广泛传播了共享化和个性化的消费理念。共享经济模式从产生便形成“双赢理念”，而且该理念也得到了市场的广

① 北京大学数字金融研究中心课题组．中华唤醒经典诵读丛书 数字金融的力量为实体经济赋能[M]．北京：中国人民大学出版社，2018.

泛认同，即将闲置品最大化地利用起来，提高资源利用率，避免浪费，达到“付出少、收获大”“代价小、便利多”的目标。

二、移动互联网技术的发展推动共享经济成长

我国共享经济这一新兴商业模式的兴起与移动互联网技术的发展密不可分。以共享单车为例，智能手机出现后逐渐在手机市场占据主导地位，共享单车的发展中智能手机作为重要的物质载体是必不可少的。我国庞大的用户量为共享单车的发展积累了丰厚的网络客户资源。随着智能手机功能的不断完善，移动终端的定位技术进一步推动了共享单车的发展，用户通过手机定位可以快速找到共享单车的位置，方便使用。现代智能手机都有扫码功能，共享单车也开发出扫码使用的模式，二者的高度契合使得共享单车成为智能手机用户日常出行的重要交通工具。

三、金融科技的进步促进共享经济发展

共享经济的发展必然离不开金融科技的支持。下面主要分析运用较为普遍的金融科技对共享经济发展的推动作用。

（一）大数据

运用大数据技术能够对大量的订单进行高效化的处理，精准地匹配供应方与需求方，促进交易效率和成功率的提高。以共享单车为例，大数据平台参与共享单车投放、调度及维护等多项工作，发挥着至关重要的作用。利用大数据平台将海量单车加以联通，后台将供需关系清楚地标记在各个区域，用不同的标记代表供需的实际情况，如供给不足用红点标记，供给平衡用绿点标记。通过了解大数据平台的这些可靠信息，企业进行实时评估，然后向线下团队反馈信息，及时调动单车，满足用户的需求，实现供需平衡，解决需求者的出行问题。

此外，共享单车在谋求自身发展的同时，积极参与城市智慧交通建设，通过大数据信息共享，对城市道路和交通规划进行分析，描绘出行热力图，发现不足，提出改进建议。

（二）云计算

新兴企业在共享经济模式下运用云计算减少技术开发的成本，提高数据访问的移动性、灵活性以及拓展性。新兴企业还与云计算及人工智能科技公司建立合作关系，科技公司不仅从技术上支持共享经济的海外扩展，而且为新兴企业提供全方位的服务，如储存服务、安全服务、智能解决方案服务以及大数据服务等，对共享经济的发展起到了极其重要的作用。

（三）移动支付

智能手机用户的支付习惯随着微信支付和支付宝的出现发生了明显的变化。我国手机网上支付用户和线下消费用手机支付的用户加起来是极其庞大的数字，移动支付从线上到线下不断渗透和拓展，有了更加多元化和丰富的支付场景。随着移动支付方式在广大人民群众中的不断普及，支付用户与消费服务之间的距离日渐缩短，消费者与商家之间的交易突破了场地限制，共享经济无处不在。

第五节　数字金融助力企业转型发展的路径

一、数字金融背景下企业转型发展的相关研究

（一）研究背景

当社会经济发展到一定程度时，尤其是当信息技术在经济发展中占据主导地位时，数字经济、数字金融作为新型经济模式应运而生，新的经济模式的出现说明传统生产方式从根本上发生了变革。在新的经济模式下，商业银行与企业的关系定位发生了变化，但因为二者的数字化水平有差距，所以影响了二者的顺利合作。在数字经济时代背景下，必须从特定经济背景和金融背景出发，及时摆正金融与企业的关系，构建新型战略合作关系，扩大二者的共享区域，进一步发挥金融机构支持企

业转型的积极作用。

（二）研究现状

随着数字金融的不断发展，商业银行与企业的关系发生了转变，而且二者的数字化水平逐渐接近，但从目前来看，数字化水平还是有一些差距的，商业银行的数字化水平更高一些，企业的数字化转型进程落后一些，这就影响了数字化经济生态的形成和经济高质量发展。所以当务之急是继续推进企业的数字化转型发展，使企业与商业银行构建健康和谐的合作关系，满足经济高质量发展需求和企业的可持续发展需求。我国学者对企业的数字化转型做了一些研究，下面主要阐述几项有代表性的研究成果。

1. 研究成果一

王瑶瑶等人在《数字经济时代中小企业数字化转型问题研究》（2019）一文中指出，中小企业在数字经济时代必须走数字化改革之路，这既是企业自身生存与发展的需求，也是适应社会市场环境和国家经济发展新战略的需求。王瑶瑶等人针对数字金融背景下中小企业的转型提出了下列几条建议。

第一，中小企业应树立创新理念，加大技术创新力度，广泛应用创新技术来提高生产效率。

第二，对企业生产经营链予以优化，促进生产效能和经营效益的提高。

第三，面向广阔的市场建立共享信息和共享资源机制，与市场各要素建立并保持和谐的互动关系。

第四，了解目标客户的真实需求，为不同类型的目标客户提供个性化、多样化服务，提高服务质量。

2. 研究成果二

崔森等人在《企业数字化转型的影响因素研究》（2014）一文中指出，数字金融背景下企业转型发展不仅要在运营中广泛应用新技术成果，还要树立互联网经营理念，将企业生产经营过程中各个环节的节点都打通，有机整合各个要素，促进整个流程的优化，给客户提供更好的服务，使客户获得最佳体验。在企业数字化转型发展中，要深入改革现有运行机制与体制，并从影响企业转型发展的主要因素着手探索转型对策，影响因素主要有宏观经济背景、行业发展背景、企业组织体系与产业结构、数字化技术的应用以及企业经营的具体情况。

3. 研究成果三

赖明忠在《试论企业数字化管理》（2009）一文中指出，中小企业走数字化转型之路，实施数字化经营管理战略，有助于促进企业组织管理结构的优化和市场服务能力的提升，能够将“以人为本”的市场理念充分体现出来。

4. 研究成果四

薛惊理在《关于传统企业数字化转型的战略思考》（2018）一文中指出，企业数字化转型不仅是在传统信息技术基础上进行数字转换，而且要从线下经营转变为线上经营，并将线下线上结合起来，促进经营流程的通畅和业务的拓展。薛惊理提出了下列几条数字化转型的具体建议。

第一，重构发展理念与目标战略，坚持“客户至上”的宗旨，重点让客户获得良好的服务和体验。

第二，企业管理者将数字化管理手段运用到管理实践中，提高决策的精准性和管理效率。

第三，深入改革企业的组织结构，对企业的业务流程进行优化，重视培养高新技术人才和优秀管理人才。

第四，企业积极适应市场环境，主动与其他市场要素建立互动、合作的和谐关系，集中力量共建数字经济生态家园。

二、数字金融助力企业转型发展的主要路径探讨

（一）明确数字化转型目标，坚定正确的转型方向

在经济高质量发展的当下，所有市场主体都必须顺应数字金融发展潮流，积极进行数字化改革与创新，提高技术创新力度，通过技术革新提高经济效益，走技术化、数字化发展之路，这是企业转型的必要选项。数字化转型不是由企业主体意愿所决定的，而是在数字金融时代，企业

为了生存和发展必须选择的道路，如果不转型，就会被市场淘汰，所以对企业来说，转型与不转型是关乎“生死存亡”的重大选择。对此，数字化转型成为中小企业的共同选择，在中小企业发展战略中成为首要目标。企业应从市场需求、自身现状、数字化金融需求等各方面出发对转型规划进行制定，确定数字化转型目标。在转型过程中，也要推动金融机构的数字化发展，构建金融与企业共同发展的良好环境。

（二）将数字化技术有机嵌入企业经营过程中

在企业数字化转型中不是仅仅在某个环节应用了数字化技术就能实现转型目标，而应在企业的整个经营流程和各项业务中都嵌入数字化技术，达到深入渗透的效果，如此才能提高企业转型升级的效率。下面以制造业企业为例，提出将数字化技术嵌入企业经营各环节的建议。

1. 采购环节

将人工智能技术、大数据等充分利用起来，综合对比各家原料供应商，选择成本最低、质量最好的企业建立长期稳定的合作关系。

2. 生产环节

将物联网、大数据等信息化技术充分利用起来，促进业务流程的优化和业务模式的改进，提高自动化水平，在不影响生产质量的前提下利用高科技降低生产成本。

3. 储存环节

同样将物联网技术、人工智能技术充分利用起来，最大限度地降低库存的保有量，运用现代化技术手段提升管理效率，提高自动化传输效率，使库存成本得以减少。

4. 销售环节

放眼全球市场，运用大数据等新技术寻找潜在消费者，扩大销售规模，与新兴物流企业合作将产品远销海内外，以最低的物流成本获得尽可能多的经济收益。

总之，将数字化技术嵌入企业全流程业务中，可以提高企业的发展高度，实现发展层次和发展水平的升华，有效推动经济高质量发展。

（三）在财务信息数字化方面率先突破

企业要将财务信息数字化和大数据的引入作为突破口。全面实现数字化转型对于众多中小企业而言难度较大，所以要本着为未来转型打基础、加快与数字金融接轨的思路，先实现财务信息数字化。企业的财务信息与其他信息相比最接近数字化要求，也是最可能实现转型的部分，因此，各企业应树立大财务概念，将企业的所有经营活动进行财务会计化，使企业的数字化更接近商业银行金融数字化的接口要求。

（四）统筹数字化管理，实现非财务信息的数字化

运用“数字员工”等智能化工具，全方位、大范围地收集企业信息，然后进行智能化比对，得出关于服务对象的评价结论，这是数字金融的一个重要特征。企业的非财务信息对财务信息的真实性、准确性有极大的补正作用，而这种补正的信息收集量的多少、精准度综合反映了企业非财务信息的数字化程度。因此，企业在推进财务信息数字化的同时，要尽可能地将非财务信息数字化，以提升金融机构对企业判断的准确度。

（五）提高线上平台化管理的效率

数字金融具有线上化、批量化、流程化、标准化、智能化等基本特征，这也是商业银行支持企业发展的基础条件，只有这样，商业银行才有可能将中小企业的金融劣势转化为优势，使中小企业享受到大型企业同等的待遇，而企业经营管理实现完全的线上化是实现这一目标的前提条件。所以企业应结合数字化转型目标，引入系统化管理理念，建设以信息技术为底层、助力企业管理和决策运行手段的 ERP 管理平台，实现平台化管理、线上化运行，促进企业管理平台与金融机构平台在信息上的无缝对接。①

① 陆岷峰．数字金融助推企业数字化转型路径研究［J］．北华大学学报（社会科学版），2020，21（04）：68-74+152.

第八章　微观路径需求端——数字金融助力消费升级

随着改革开放的不断深入，我国经济发展水平不断提升，人们生活质量大幅度改善，消费成为拉动经济增长的第一动力。尤其是近年来，随着新一代信息技术，如移动互联网、大数据、云计算等的普及与应用，数字金融迅速发展，居民的消费模式随之发生了深刻的改变。数字金融在促进居民消费升级方面发挥了重要的作用，推动了经济高质量发展。本章主要从需求端对数字金融推动经济高质量发展的微观路径即助力消费升级展开研究，主要内容包括居民消费升级的表现、数字金融助力消费升级以及消费金融数字化赋能提升金融服务能力。

第一节　居民消费升级的表现

居民消费升级体现在消费的各个方面，本节主要从消费结构、消费层次、消费行为、消费方式以及消费质量五个方面展开具体分析。

一、居民消费结构升级

消费结构指的是各类消费支出在总费用支出中的占比。居民消费结构指的是在一定的经济社会条件下，人们在消费过程中所消费的各种不同类型的消费资料（包括劳务）的比例关系。消费结构升级就是指各类消费支出在消费总支出中的结构升级和层次提高，直接反映了消费水平和发展趋势。现阶段我国的消费结构升级体现在以下方面。

（一）恩格尔系数总体不断降低，人均可支配收入不断增加

恩格尔系数表示的是居民家庭食品消费支出在居民家庭总支出中所占有的比例。恩格尔系数的高低可以衡量一个家庭的富裕程度，恩格尔系数越低，则表明家庭越富裕，反之则表明相对还比较贫困。国际上对恩格尔系数衡量富裕程度有一个划分标准，即70%以上为贫寒；59%以上为贫困；50%～59%为温饱；40%～50%为小康；30%～40%为富裕；30%以下为最富裕。

我国的城镇和农村居民恩格尔系数变化有以下特征：第一，就城镇居民来说，1978—1995年，城镇居民恩格尔系数从1978年的57.5%振荡下降至1995年的50.1%，这期间我国城镇居民还处于温饱阶段；1996—1999年，城镇居民恩格尔系数从1996年的48.8%下降至1999年的42.1%，这期间我国城镇居民进入小康阶段；2000—2014年，城镇居民恩格尔系数从2000年的39.4%减至2014年的30.1%，这期间我国城镇居民已达到富裕水平；值得注意的是，从2015年一直到2020年，我国城镇居民恩格尔系数保持在30%以下，这意味我国城镇居民的生活水平已经进入最富裕的阶段了。第二，就农村居民而言，1978—1982年，农村生活水平低下，处在贫困阶段；1983—1999年，农村居民恩格尔系数振荡下降，这期间农村居民生活水平处在温饱阶段；2000—2011年，农村居民恩格尔系数稳步下降，这期间农村居民生活水平处在小康阶段；2012—2020年，农村生活水平进入富裕阶段。第三，城乡居民恩格尔系数越来越呈现稳步下降的态势，在前期一直处于总体上下降，中间不断起伏，而进入富裕阶段之后，恩格尔系数就保持一个稳步下降的态势了，由于居民收入增长趋于稳定，居民的消费水平也在稳步上升，消费结构也在稳步攀升。

（二）消费主体结构不断变化

近年来，我国中等收入人群规模不断扩大，党的十九大报告指出“中等收入群体比例明显提高”。这是基本实现社会主义现代化的主题中的应有之义，中等收入群体已经越来越受到各方的关注，在消费领域，这部分人群也是一股不可忽视的力量。世界银行将中等收入群体收

入的界定设置在日人均收入为 10 ~ 100 美元，随着我国经济进入新常态，中等收入人群的规模还将会进一步地扩大，逐渐成为推动我国消费结构升级的主力。

中等收入人群作为一个庞大的群体，他们的消费特征兼具共性与差异性，一方面，中等收入人群普遍追求更高品质的消费，消费水平较高，追求自身的个性化，对消费需求呈现出多样化，消费方式更加绿色、健康、和谐、适度，他们对食品的选择更为谨慎，重视教育消费，更倾向投资子女教育和自我提升，如出国留学、技能培训等。农村中等收入居民消费结构已由生存型消费向发展型消费、享受型消费转变，在衣着、家庭设备用品及服务、食品和教育文化娱乐服务等项目上的消费支出比重较大，且注重生活质量的改善。这是他们共性的一面，由于这个群体中存在年龄和性别差异，他们的消费习惯也存在明显的差异。甚至是同一个人，在不同的年龄段消费方式也会大有不同。同时，性别也是一个不可忽视的因素，女性的消费倾向往往比男性更高，女性更多地进行美容保养、珠宝服装等轻奢侈品的消费，而男性关注的消费领域更偏向于房地产、汽车等能够象征身份地位的产品。

（三）消费需求发生变化

2020 年以来，居民消费需求发生明显变化，刚需性消费保持稳健增长，医疗保健及教育是支出增长的重点。

疫情影响下的消费者需求发生显著的变化，这对疫情后消费经济的恢复周期产生了深远的影响。在对全行业分析的过程中，我们可以看到受 2020 年大环境影响程度的不同，不同品类的增长轨迹主要分为三大类：一类为持续稳定增长的品类，主要为刚需性消费；一类是在疫情期间有所回落，之后缓慢恢复的品类；另一类则是虽然受到了疫情的影响，但在进入常态化管控后快速回弹的品类。

中科网联的调研数据显示，卫生防疫用品是消费者普遍预计增长支出的重要项目，此外，食品、饮料、日化用品等基础生活必需品则是消费者日常消费增加的重点。除日常消费外，超过 1/4 的消费者表示会增加医疗保健产品及服务、线上休闲娱乐、子女教育等方面的消费。

（四）消费观念发生变化

随着新生代消费者的崛起，消费理念转向品质化、多元化、个性化，再加上国产品牌核心竞争力提升，针对本土消费者的变化，深耕产品研发与营销升级，国产品牌迎来了高光时刻。国货消费在多个产品领域的消费比例都超过了国际品牌，其中食品饮料类和个人消费电子产品类表现得最为突出，国产品牌的购买选择均超过了70%，其次是保健品行业。相较其他类别，化妆品和个人护理用品类别是国产品牌选购比例略低的行业类别，但国产品牌的选购比例依然超过了50%。

二、居民消费层次升级

近年来，我国居民收入水平不断提升，生活条件不断改善，带来了消费层次的升级，主要表现为从生存型消费向发展型消费和享受型消费的快速转变。下面具体分析我国居民消费层次升级的具体表现。

（一）生存型消费减量升级

1. 生存型消费占比减少

人们为满足生理需求进行的消费就是生存型消费，包括穿着消费、饮食消费。近些年来，我国不管是城镇居民还是农村居民，在生存方面的消费支出在总支出中所占的比例明显减少。

2. 食品消费结构升级

我国农村居民近年来家庭粮食购买量的人均消费支出在总支出中所占的比例明显减少，而四大食品种类的消费支出占比明显提升，包括蛋奶类、肉禽类、水产品类和食用油类，其中增幅最大的是蛋奶类和肉禽类。这说明居民在食品上的消费呈现出多元化趋势，消费结构得到升级，食品消费结构的升级大大改善了居民的营养水平和体质健康水平。

（二）发展型消费迅速增长

1. 城镇居民消费以发展型为主

居民为了谋求更好的发展而进行的消费就是发展型消费，近年来城镇居民在交通通信、居住及教育方面的需求越来越大，在这些方面产生的发展型消费也越来越多，发展型消费在城镇居民总消费中所占的比例不断提升。城镇居民的消费结构从“吃、穿、用”向“吃、住、行、教育娱乐”转变，发展型消费成为消费结构的重心。

2. 农村居民发展型消费占比明显增加

近些年来，农村居民的消费结构中，第一大消费支出是食品烟酒，第二大就是居住，农村居民的消费结构从“吃、住、穿”向“吃、住、行、文教、医保”转变，发展型消费增加。

3. 教育消费不断升级

近年来我国家庭年消费支出中，教育消费支出占比增大，而且不同年龄段的教育消费支出在家庭年收入中所占的比例不同，年龄分化特征显著，在私立幼儿园上学的学龄前儿童教育经费很高，各种兴趣班都是不小的一笔开支。在教育消费支出中，课外辅导班的支出占很大的比例，对于送孩子出国上学的家庭来说，教育消费在年收入中所占的比例更大。现代教育市场出现了很多新的消费热点，如兴趣班、辅导班、知识付费等，这充分反映出了现代人很重视教育，教育需求越来越高，越来越多元化，教育消费模式发生了深刻的变化。

（三）享受型消费备受关注

1. 物质型享受消费增长

物质型享受消费是居民在豪车、游艇等方面产生的消费，通过这些消费使自己的身心享受需要得到满足，这是居民生存需要得到满足后产生的新的消费需求，以获得身心享受与满足身心的高层次需要为主。随着社会经济的发展，我国不乏一些高收入群体，他们在这方面的消费需求比较大，刺激了消费市场的繁荣。

2. 精神型享受消费越来越大众化

人们在旅游、文化娱乐等方面为获得相应服务产生的消费就是精神型享受消费，消费的目的是使精神愉悦，满足精神需求。精神型享受消费与居民的休闲娱乐生活密切相关，在我国居民的休闲娱乐方式中，进入电影院观看电影是最为常见的一种方式，居民休闲娱乐需求的增加带动了电影市场消费，促进了电影市场票房的增加。

3. 旅游消费市场繁荣发展

我国旅游消费自改革开放以来迅速发展。随着我国城市化建设进程的加快、人民群众收入的增加以及居民生活质量的改善，我国旅游市场的发展越来越繁荣。从我国居民的旅游消费现状来看，从国内旅游消费扩展到国外旅游消费，而且其中有很多人进行私人定制的旅游消费。

三、居民消费行为升级

改革开放的推进及文化的融合发展使得人民群众拥有包容的心态，这对居民的消费行为也产生了影响，使居民的消费行为发生了变化，消费行为中体现出追求自我、个性发挥、实现个人价值等需求。下面从三个方面具体分析我国居民消费行为的转变与升级。

（一）个性化消费日趋扩展

随着我国经济的迅猛发展和网络科技的深入渗透，居民的思想逐渐开放，消费意识不断增强，消费行为不再以模仿为主，而是为了满足个性化需求进行消费。

1. 家庭耐用消费品向定制化转型

21 世纪，居民的个性化需求越来越多，而且越来越强烈，并通过消费来满足自己的需求。例如，居民在家庭耐用消费品，如家电、家具上有自己独特的需求，商场中雷同的家具家电无法满足消费者的个性化需求，因此转向定制化消费，这就带动了定制家具行业的发展，近年来我国该行业的收入水平不断提升，在整个家具行业收入中所占的比重越来越大。定制家具的优势是设计灵活，限制因素少，与家装风格统一，品质高，因此受到个性化消费群体的推崇。

2. 服饰设计师品牌与服装定制市场崛起

居民的个性化消费还体现在服饰消费上。不同的人对衣着配饰有不同的看法，个人穿衣风格不同、消费理念和消费水平不同，在衣着方面的消费行为也有差异，在这方面有强烈个性化消费需求的消费者倾向于私人服装定制消费，追求著名设计师创造的品牌，这有效地推动了我国服饰品牌市场和定制市场的发展。新生代消费者在服饰消费方面的个性化需求不仅是对服饰的需求，更是对服饰设计背后的创作理念、生活态度及彰显个性化等特质的追求。而且，私人定制不再专属于高收入群体，普通消费者也开始转向私人定制消费模式。

（二）时尚化消费成为潮流

我国现代传媒，如影视等在改革开放初期还属于比较稀缺的资源，文化娱乐业的从业者尤其是明星具有一定的排他性，在时尚消费上具有垄断性。因为改革开放初期我国文化产业发展滞后，与其他行业相比明显不平衡，在这样艰难的环境下，很难释放文化行业的活力，也难以带动时尚消费的发展。21 世纪以来，自媒体随着移动互联网技术的迅猛发展迎来了良好的发展机遇，随着自媒体的不断发展，信息传播速度加快，传播渠道增加，拉近了名人与观众的距离，也带动了大众时尚消费的发展。

1. 网红文化拉动消费

在新媒体时代，一些行业大咖和网红通过互联网社交平台，如微博、微信等传播信息，这已经从娱乐领域拓展与延伸到了美食、竞技体育、动漫、健身、美妆等领域，在很大程度上影响了消费者在这些领域的消费行为。例如，美食爱好者会关注美食博主在微博上分享的内容，然后结合一些平台的评价而做出在饮食上的消费选择。

在时尚消费成为潮流后，一些品牌商家也借此机会聘请网红、明星为自己宣传和推广产品，将自己的产品打造成网红产品，吸引大量的消费者。品牌商家为迎合消费者的时尚消费理念，注重打造高颜值或个性化产品，以满足消费者追求个性的需求。

2. 粉丝成为消费主体

市场经济背景下，随着网络文化的不断发展，网红经济、粉丝经济等现代经济新名词不断涌现。在娱乐时代，明星的影响力非常大，明星对消费品的选择能够产生很强的带领性，引来模仿消费，大量粉丝模仿自己喜爱的明星去消费一些商品，追捧明星喜爱的产品，以自己拥有明星同款而感到骄傲与自豪，这就是明星带来的市场经济效应，也是我国粉丝经济不断发展的重要表现。

3. 个性化定制服务增加

随着居民生活条件的改善，对个性化定制服务的需求越来越多，这在旅游消费市场中能够得到明显的反映。大众的旅游需求越来越强烈，对旅游业的要求也越来越高，其中就包括对个性化定制旅游服务的需求，旅游市场出现一些新的个性化旅游热点，如品质旅游、定制旅游、深度旅游、主题旅游等。一方面，旅游单位对消费客户进行精准定位和类型划分，推出多种多样的组团旅游服务，如精品团、自由团、购物团等，为旅游者提供个性化旅游服务，满足其个性化消费需求。另一方面，线上旅游平台纷纷设计定制化旅游产品，将一些稀缺的旅游资源汇集起来吸引消费者，并将多种旅游元素融合起来为旅游者提供品质化旅游产品，同时提供包括摄影、导游等在内的一条龙旅游服务，满足高端旅游爱好者的私人化旅游需求。

（三）体验式消费快速发展

进入21世纪以来，随着我国居民收入水平迈入中高收入阶段，居民消费结构开始加速转型，人们的消费习惯也发生了巨大改变，消费行为已经不再是单纯的购物，而是延伸为精神层面的满足感。即时性、服务性消费，如大众餐饮、文化娱乐、休闲旅游等成为新的消费热点，体验式消费快速发展。

1. 餐饮消费快速发展

随着我国居民收入水平的提高，餐饮消费实现了从家庭到社会的转变，大众餐饮作为体验消费的重要领域之一，已经步入持续稳定增长的新时期。

近年来，我国餐饮企业不断革新，为消费者提供全面周到的体验服务。一方面，餐饮实体店突破传统工艺，加速转型升级；另一方面，随着互联网技术在餐饮行业的深度渗透，大众餐饮开启“互联网 +”创新时代，美团等外卖平台方兴未艾，给消费者的用餐体验带来了极大的便利。与此同时，实体零售与互联网深度融合，通过多种业态创新，开启体验消费新模式。

2. 文娱体验消费与实体零售不断融合

近年来，电影院已经成为最重要的体验式消费娱乐场所之一，实体零售商业地产纷纷将电影院嵌入其中来吸引客流。同时，越来越多的商家开始将消费者体验加入商品营销的环节当中，注重增强商业设施的娱乐性，不断探索实体商业与文、体、娱的跨界合作。

四、居民消费方式升级

随着我国居民消费升级进程的加快以及新技术的创新应用，消费者的消费方式已经不再限于面对面的现金交易，而是逐步向跨越时空限制的网络交易、使用多种支付手段的信用消费以及伴随国外旅游的境外消费发展。

(一) 网络消费成为习惯

20 世纪 90 年代，随着互联网技术的普及应用，我国出现了网络购物模式。随着智能手机、移动互联网等先进电子设备、技术的普及应用，我国网络消费的网民数量持续上升，位于世界前列。

(二) 海外消费不断上涨

改革开放初期，我国商品物资匮乏，为满足基本生活需要，最早走出国门的留学生及公务出国人员归国前会选购大量海外产品。21 世纪以来，随着我国市场经济的蓬勃发展，各类商品逐渐丰富、品质不断提高，但在价格上仍与海外商品有一定的落差。基于对产品低价与质量的追求，越来越多的消费者热衷于海外消费。

（三）信用消费高速发展

我国居民的消费意识最初以节约、储蓄为主，不习惯超前消费，再加上以前技术水平的限制，使得我国信用消费处于空白阶段。近年来，随着居民收入水平的提升、大数据等技术应用手段的升级进步、信用系统基础设施的不断完善以及个人信用制度等相关法律制度的不断健全，我国信用消费高速发展，大众进入信用消费时代，越来越多的消费场景被纳入信用体系中。[①]

五、居民消费质量升级

我国居民消费升级从消费质量中能够得到充分的体现，而消费质量升级又主要体现在消费品类丰富、消费品牌涌现、消费品质提升三个方面，下面进行具体分析。

（一）消费品类愈发丰富

随着我国经济发展水平的提高，我国商品消费市场供给细分程度逐步提高，品类不断丰富，个性化、定制化的商品增多。此外，我国服务消费市场迅速兴起，并迅速扩大，服务消费品类不断推陈出新，使消费者的细分化需求得到了极大的满足。

随着消费主体的年轻化，消费者在日常消费中更关注个性化，因此定制化市场发展迅速。近年来，我国服务消费市场迅速发展，雇佣保姆、月嫂不再是有钱人的特权，外卖服务、家政服务、快递服务等市场供给品类丰富，而且垂直细分消费品类增多，线上线下的融合为居民消费创造了良好的环境，提供了极大的便利，逐渐形成了“以消费者为核心”的商业环境。

（二）消费品牌不断涌现

年轻人作为我国市场经济中的消费主力军，在消费方面呈现出个性

① 商务部国际贸易经济合作研究院编．消费发展升级之路：40年改革开放大潮下的中国消费[M]．北京：中国商务出版社，2018.

化和差异化的趋势。为满足年轻人的个性化消费需求，一些品牌商家进一步丰富商品的内涵，提升商品的品质，并为商品赋予特殊的含义，挖掘商品背后的情感及文化价值，以此来突显消费者的地位、品位或身份。品牌的附加意义甚至超过产品本身的实用价值，成为消费者在消费过程中考虑的重要因素。

现在，很多国外知名品牌进入中国消费市场，但消费者不再像以前那样对国外品牌和产品有着盲目而狂热的追求，国外品牌在中国市场的发展处境比较艰难。这一方面是因为消费者有强烈的民族自尊心，对一些辱华品牌持排斥与抵制态度；另一方面是因为国内品牌的品质越来越好，在消费者心中有了一定的分量，一些知名品牌通过改革与创新，不断提升产品和服务质量，赢得了消费者的信赖。此外，在品牌培育与传播方面，迅速发展的电子商务提供了良好的条件，一些新品牌虽然小众化，以线上经营为主，但也吸引了不少消费者的关注。而且消费者不仅关注商品品牌，也关注服务品牌，消费者在消费中不仅要获得品牌商品，还要享受品牌服务，这也是品牌商家设计产品与优化服务过程中重点考虑的需求因素。

此外，消费者对品牌产品和服务的追求还体现在餐饮服务行业中，餐饮业也越来越关注消费者的品牌消费需求，因此不断优化餐饮环境，完善餐饮服务，提高餐饮品质，给消费者带来全新的消费体验。消费者在饮食方面不再只是为了温饱，所以会提前对商家的品牌、品质、服务进行综合了解，然后做出消费选择，满足自己在饮食过程中的精神娱乐需求、社交需求及体验需求。因此，餐饮品牌在改革创新中越来越注重创意，注重消费者的个性化需求，为消费者提供针对性、高品质及全方位的服务。

（三）消费品质显著提高

现阶段，我国居民普遍追求高品质的消费，在消费品质方面的需求基本达成一致。从居民的消费行为来看，从追求数量发展为追求品位、品质及品格。品质高的商品和服务更能够得到居民的喜爱，同类商品或服务中，高品质商品和服务的价格远远高于一般品质的商品和服务，而居民更愿意为前者买单。居民在消费过程中对价格的考虑逐渐让位于对品质和体验的考虑。我国社会主义现代化建设已经进入了新的时代，在新时代背景下，人民群众对美好生活的需要不断增长，但现实发展却不充分、不平衡，二者构成了尖锐的矛盾，这也是新时代社会发展的主要矛盾。在居民的社会生活中，消费是不可缺少的一部分，人们追求美好生活，自然也会追求高品质的商品和服务。居民消费品质的提升具体从下列几方面体现出来。

1. 智能化消费

居民消费呈现出智能化趋势。现阶段，我国消费市场的主要消费主体是中青年，他们乐于接受高科技产品，喜欢电子产品和有各种新功能的产品，智能产品虽然更新换代快，但都会得到消费主力军的喜爱。近些年，几乎人人都用上了智能手机，移动互联网经济也因此迎来了发展的春天。在居民家庭生活中，智能化的清洁产品，如扫地机器人越来越受欢迎，新产品清洁速度快，效果好，能够给用户带来良好的体验，减轻了居民的家务负担，这些优势使其成为每家每户都想要入手的产品。

2. 便利化服务消费

随着市场经济的不断发展，消费经济发展越来越成熟，即时性服务消费的市场需求不断增加，消费者越来越追求便利化的服务消费，他们的消费目标非常明确。

3. 绿色消费

随着现代社会生活方式的不断调整与改善，居民消费模式也随之发生了新的变化，绿色生活理念的普及促进了绿色消费观念的产生，人们越来越倾向于环境友好、资源高效利用的绿色消费模式。

第二节　数字金融助力消费升级

一、数字金融促进消费升级

大量研究表明，数字金融对消费的促进作用主要体现为金融发展在一定程度上缓解了消费者的流动性约束，即通过资源的有效分配实现消费的跨期平滑，使得消费者的潜在消费需求被释放。伴随着技术进步，数字金融将金融服务延伸到了相对偏远和贫穷的社会群体中，使得更多的人可以享受银行借贷、便利支付等金融服务，进而激发了他们的潜在消费能力，为消费提供了更为广阔的空间。①

下面通过文献综述来进一步了解数字金融助力消费升级的表现。

李燕桥等认为消费信贷可以缓解城镇居民当期的流动性约束，促进其当期消费，但是消费信贷对城镇居民消费的积极效应也受到"大额刚性支出"和未来收入不确定性的抑制。②

易行健等认为数字金融能够促进居民消费，特别是衣着、居住、日用品、交通通信等方面的消费，其作用机制为缓解居民面临的流动性约束和便利支付。③

崔海燕通过实证分析得出数字金融能显著促进农村居民的消费，农村居民的消费行为存在显著的"棘轮效应"，城镇居民的消费行为对农村居民的消费存在显著的"示范效应"。④

董云飞则提出数字金融的发展对农村居民的生活用品消费支出并未产生明显的作用，但能明显促进高级服务性消费。⑤

傅秋子和黄益平实证得出数字金融水平的提高会降低农村生产性正规信贷需求，增加消费性正规信贷需求。⑥

尹志超和彭嫦燕从家庭视角展现了数字金融的发展状况和群体间的差异。从需求端看，数字金融服务发展的广度和深度都有待提升；从

---

① 何宗樾，宋旭光．数字金融发展如何影响居民消费 [J]. 财贸经济，2020，41（08）：65-79.

② 臧旭恒，李燕桥．消费信贷、流动性约束与中国城镇居民消费行为——基于 2004—2009 年省际面板数据的经验分析 [J]. 经济学动态，2012（02）：61-66.

③ 易行健，周利．数字普惠金融发展是否显著影响了居民消费——来自中国家庭的微观证据 [J]. 金融研究，2018（11）：47-67.

④ 崔海燕．数字普惠金融对我国农村居民消费的影响研究 [J]. 经济研究参考，2017（64）：54-60.

⑤ 董云飞，李倩，张璞．我国普惠金融发展对农村居民消费升级的影响分析 [J]. 商业经济研究，2019（20）：135-139.

⑥ 傅秋子，黄益平．数字金融对农村金融需求的异质性影响——来自中国家庭金融调查与北京大学数字普惠金融指数的证据 [J]. 金融研究，2018（11）：68-84.

供给端看，基层社区金融服务的可及性较低。①

李建军和韩珣认为数字金融体系能够解决金融机构高门槛、高成本和逆向选择的问题，在一定程度上可缩小收入分配差异。②

张栋浩和尹志超从金融服务的渗透度、使用度和满意度三个层面构建数字金融指数，实证得出数字金融指数与农村贫困脆弱性之间显著负相关。③

二、数字金融助力消费升级的机制分析

数字金融助力消费升级的机制包括以下几个方面。这也是数字金融促进消费升级的几个重要途径。

（一）优化支付环境

数字金融给消费者提供了很多新型支付方式，如扫码支付、网银支付、电话支付等，实现了跨越时空限制的消费，使消费者以较少的时间成本和交易成本进行金融消费，享受金融服务，提高了消费效率。消费者的基本生存需要得到满足后，会将额外的收入以较低的成本投向享受型和精神型消费，提高了消费的层次。数字金融环境下的支付方式主要是非现金支付，为消费者提供了极大的便利，使个人和商户的支付需求同时得到满足，不仅刺激了消费需求和激发出新的消费热点，而且促进了消费模式的改进，最终为消费升级做出了重大贡献。

数字金融背景下的数字化支付方式的特点与优势主要是便捷、灵活、高效等，正因为具备这些优势，数字化支付方式才能广受欢迎，才能对居民的消费产生影响。下面具体从以下几个方面来探讨非现金支付方式促进居民消费升级的表现。

第一，在传统现金支付模式下，居民外出消费要带现金，如果现金不够则会影响消费的过程和消费体验，这也会对消费者的消费行为造成一

① 尹志超，彭嫦燕，里昂安吉拉．中国家庭普惠金融的发展及影响[J]. 管理世界，2019，35（02）：74-87.

② 李建军，韩珣．普惠金融、收入分配和贫困减缓——推进效率和公平的政策框架选择[J]. 金融研究，2019（03）：129-148.

③ 张栋浩，尹志超．金融普惠、风险应对与农村家庭贫困脆弱性[J]. 中国农村经济，2018（04）：54-73.

定程度的压抑。居民的消费行为并非都是有计划的，在商品经济发展水平如此之高的时代，随机性和偶然性消费非常普遍，数字化支付方式的出现为随机性和偶然性消费的成功交易提供了便利，消除了现金实体对消费者随机消费的约束，使消费者随时都可以消费。

第二，数字化支付方式为居民消费提供了极大的方便，居民消费不再受时空因素的限制，网购就是最好的证明，这种新的消费模式对居民消费升级起到了重要的推动作用。

第三，数字化支付方式给消费者带来良好的心理体验。消费者使用现金消费时，在消费决策阶段或许会出现非理性消费行为，与理性的消费准则相背离，这种行为的出现与交易效应、沉没成本效应及非替代效应等有关，非理性消费会导致居民内心产生很强烈的“心理账户”损失体验，而数字化支付会降低这种体验程度，居民对交易额不像现金支付那样敏感，因此会不断萌生消费欲望，并有很活跃的消费行为。

第四，数字化支付既便捷，又有很高的效率，节约了交易的时间成本，增加了居民消费的痛快感，使居民有可能会进行更多的消费。交易效率提升了，居民的购物时间就缩短了，所以闲暇时间也就相应增加了，而闲暇时间是居民消费的重要条件。

（二）降低流动性约束

消费理论指出，居民消费受到抑制与流动性约束有很大的关系。有消费欲望和动机的居民常常因为现有资金不够、又不能顺利获得信贷服务而打消了消费的念想，无法顺利消费。而基于移动互联网信息技术发展起来的数字金融提升了消费信贷的可能性和便捷性，满足了很多消费者即期消费的需求，消费者在网上就可以享受信贷服务，最终顺利完成消费。

下面从两个方面分析消费信贷如何影响居民消费升级。

第一，流动性约束理论指出，居民在消费过程中面临的流动性约束的难题可以在消费信贷中得到缓解，从而可以很快地完成消费行为。作为一种资源跨期配置手段，消费信贷有助于提高居民的消费效用，使居民保持长期消费的动力。此外，数字金融延伸与拓展了金融服务的范围和区域，使偏远地区的居民及贫困群体也能享受金融服务，针对这些群体的消费特点为其提供相应的信贷产品，促进其即期消费能力即在发展型消费方面的能力的提升，使消费的普遍性升级。

第二，居民对消费信贷的未来预期也会影响其消费行为。数字金融出现后，金融部门的服务对象越来越宽泛，提高了居民享受消费信贷服务的可得性和便捷性，居民享受便捷的消费信贷服务，便会减少对未来消费信贷的担忧，从而保持乐观态度，催生出新的消费理念，强化居民的即期消费动机，提升其持续消费的能力。数字金融根据消费者的现实需要和支付能力为其提供信贷服务，使其有能力为大型耐用品消费，解决其生活难题。这也能培养消费者的弹性消费意识，改变其消费观念，促进其消费模式的改善，最终实现消费新升级。

（三）提升风险管理能力

数字金融的发展与完善使得消费者对保险等风险管理工具的选择更为便捷，减少了消费者对未来的担心，使其对即期消费充满信心，使其从个人能力出发为更多品类的产品或服务消费，获得更好的消费体验。

数字普惠金融逐渐成熟后，社会上涌现出各种各样的互联网保险产品，居民可以很快获得高效的保险服务，而且网络保险面向广大网民提供服务，覆盖率大。预防性储蓄理论指出，居民对未来的预期有越多的不确定性，即期消费支出就越少，预防性储蓄就会越多。而互联网风险管理工具能够减少居民对未来收支预期的不确定性，刺激即期消费，避免居民一味增加预防性储蓄。保险是最重要的风险管理工具，各种保险对居民消费都有重要影响，下面分析常见保险产品的影响。

第一，居民购买失业与养老保险，当处于失业期或进入老年阶段后，保险为其提供的资金来源是稳定的。居民有了保险意识后，对未来收支预期的不确定性就会减少，相应地，预防性储蓄也会减少，而即期消费会增加。失业保险为失业群体提供资金保障，使居民在失业期也有消费能力，这就拉动了长期持续性消费的发展。

第二，居民购买意外险和医疗险，在遭遇意外事故或重大疾病时可以获得资金保障，减轻其就医压力，居民认识到保险的重要性后，会通过购买保险来提高对未来预期的保障，减少不确定性，从而在即期消费中提高信心，减少对未来不确定性的担忧。

（四）增加财产性收入

数字金融的出现使得消费者在投资和理财方面有了更多的选择，能够使消费者通过多元化的理财和投资方式获得更多的收入，增加其财产性收入总额，促进财富效应的增强，拉动消费市场的发展，实现消费的多元化和转型升级。

传统金融环境下，人们普遍认为只有有钱人才会投资和购买理财产品，金融投资被贴上“贵族”标签。而数字金融的出现使人们认识到“平民”也有机会享受理财服务，也能购买理财产品。平民化的数字金融促进了金融理财产品的多样化，提高了金融理财的服务水平。居民可以根据自己的实际情况购买大众化理财产品，增加投资性收入。

下面具体从三个方面分析金融理财对居民消费升级的影响。

第一，居民购买有股利、分红的金融产品，其资产性收入会稳定增加，而且这些增加的收入一般都在预期内，收入增加的居民会增加消费支出，提高消费层次。

第二，居民购买理财产品，其产品账面价值随着金融资产价格的上升而增加，从而增加了家庭的资产总值，有助于拉动消费。此外，居民购买理财产品后，当金融资产价格上升时，居民可以选择出售该产品，这样其实际收入就会增加，对促进消费非常有利。居民消费也会受到理财产品的预期价格的影响，当居民预期其购买的理财产品价格会提升时，当期消费支出也会有所增加。

第三，数字金融使居民的理财方式和投资途径不断拓展、增加，居民采取多种方式理财，进行不同方向的投资，可以分散风险，促进投资性收入的增加。

数字金融助力消费升级的四大途径如图 8-1 所示。

三、通过数字金融进一步推动消费升级的建议

数字金融的出现及应用使得金融行业在服务范围与服务深度上都有所增加，并将更多新兴产品和优质服务带给消费者，如在线投资、数字化支付、网络保险、消费信贷等，对居民的消费热情和动机产生积极的刺激性作用，拉动了消费，进而促进了我国经济的高质量发展。要进一步

发挥数字金融助力消费升级的积极作用，要从下面几个方面努力。

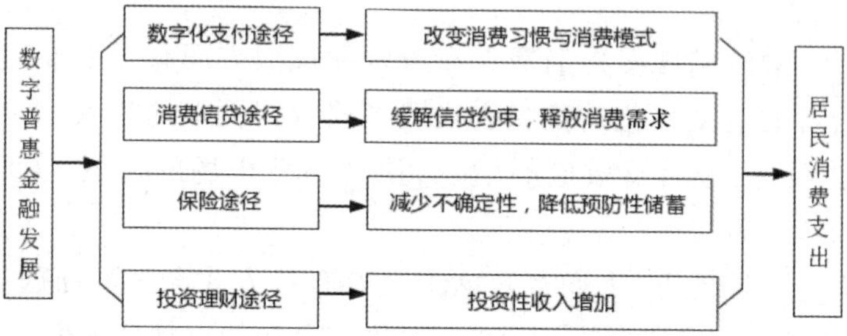

图 8-1　数字金融助力消费升级的途径①

（一）建设与完善数字金融基础设施

数字金融行业开展业务要以互联网基础设施作为基本的物质条件，数字金融行业的发展是否能够长久，与网络基础设施条件的优劣有直接的关系，因此必须从这一前提条件和基础依托着手加强对基础设施的建设和完善，为顺利开展数字金融业务打好基础，使数字金融实现对更大范围的覆盖，提高业务水平和专业服务质量。当前，网络基础设施条件不完善是制约我国数字金融发展的一个重要因素。我国网络基础设施建设水平存在地区差异，东部经济水平高的地区这方面建设得比较完善，而中西部地区明显滞后。此外，网络基础设施建设也存在城乡不平衡的问题，城市建设较好，农村严重落后。但事实上数字金融的重要作用在中西部和农村地区更能得到充分发挥，更能彰显其价值。对此，必须对网络基础设施建设不平衡的问题加以解决，对网络基础设施资源的配置进行合理优化，向中西部地区和农村地区适当倾斜，使经济落后地区也能享受网络和通信发展带来的福利。此外，在农村地区、中西部地区提升宽带接入率和网络覆盖率也是当务之急，解决了这些问题，才能在此基础上为居民提供数字金融服务。

（二）补充与健全数字金融产品与服务体系

数字金融促进居民消费升级的重要作用在低消费水平地区表现得

① 刘世鹏．数字普惠金融发展对我国居民消费支出的影响研究[D]．武汉：华中师范大学，2019．

更突出，所以金融行业要重点面向低消费人群来设计金融产品，开发金融服务项目，基于对低消费人群消费习惯、消费能力以及消费偏好的深入调查与了解有针对性地构建与完善金融产品和服务内容体系。具体要做好以下两个方面的工作。

第一，金融机构要树立创新意识，将数字技术充分运用到金融产品和服务的开发中，提高金融产品和服务的技术含量和整体质量，不断扩张数字金融的服务领域，实现数字技术和金融服务的友好对接。

第二，数字金融的发展主要是靠新兴互联网金融公司推动的，这类金融公司发挥着举足轻重的作用。为进一步发展数字金融，助力居民消费升级，新兴金融公司一定要主动发挥自身的价值，从不同类型居民的消费实力出发对数字金融产品和服务进行多元化和个性化开发，并不断加强产品和服务的创新，满足居民对新兴互联网金融产品的需求。

（三）使更多的居民认可与接受数字金融

数字金融的兴起、发展与高新技术是密不可分的，区块链、大数据、人工智能等新兴技术为数字金融的产生提供了重要的科技支撑。传统金融机构依托高新技术突破了时空束缚，深化改革，大力创新，迎来了数字金融的美好今天，而且未来将会取得更好的发展成果，前途一片光明。数字金融当前在我国的普及面主要集中在东部经济发达地区，尤其是经济发达的城市。城市居民对数字金融的了解比较多，有很高的认可度和接受度。相比而言，农村居民尤其是经济落后区域的农村居民对数字金融了解甚少，也就谈不上是否接受与认可。这就限制了数字金融在农村地区的广泛覆盖和深入发展。所以，提升居民对数字金融的认识能力和使用能力也是当下发展数字金融的一个突破口。开展这一工作，关键要从以下两个方面入手。

第一，面向广大人民群众尤其是农民群体普及与传播数字金融基础知识，加强新兴金融产品在农村地区的推广，使农民对网络借贷、手机银行的便捷性有正确的认识，从而成为这些产品的使用者。在农村地区宣传数字金融知识与产品，可采用广播宣传、电视宣传、活动宣传等农民喜闻乐见的方式来进行。

第二，数字金融是具有很强专业性和技术性的行业，因此其发展必然离不开新型专业人才,这类人才在数字金融全面普及与广泛覆盖的过程中发挥着至关重要的作用。对此,新兴金融机构一定要重视培养与引进专业金融人才和互联网人才,组建一支颇具影响力的宣传队伍,使其深入基层开展宣传教育工作,普及数字金融产品知识,在农村地区构建浓郁的新兴金融产品使用氛围,农村居民之间口耳相传,能够使数字金融被更多的居民认识和接纳。

第三节　消费金融数字化赋能提升金融服务能力

一、消费金融数字化转型的思路

数字化转型是消费金融发展的重要方向和趋势之一,在数字金融环境下,应将互联网技术、数字化金融科技充分利用起来,使消费金融在客户营销、消费场景、理财管理等多个方面实现转型和创新,从而促进消费升级,推动消费金融的发展。

(一)利用线上渠道,促进消费金融服务场景的拓展

第一,将互联网技术和资源充分利用起来,打通线上消费渠道,为金融消费者在互联网平台申请贷款、跟踪贷款进度到最终成功贷款提供便利,通过简化服务流程,提高消费金融服务的便捷性和服务效率。金融机构还应该与大型互联网企业开展线上合作,为大众进行金融消费提供更多便捷的渠道和高效的方式。

第二,加快专业金融服务与众多消费场景的有机融合,使居民在很多消费场景中不知不觉就能享受金融服务,减少刻意性,给居民带来自然的消费体验。居民的消费领域主要体现在购物、餐饮、教育、医疗、婚庆、娱乐、家装等各个方面,为提高业务能力和吸引消费者,这些行业应将金融服务与自身的专业服务结合起来,实现不同消费场景金融服务的便捷化。但是不同消费场景中,因为各种原因的限制,数字化程度会有差异,这就对消费场景与金融服务的结合产生了影响,主要表现为结合方式的差异。例如,旅游、医美等行业主要是线下服务,消费场景多发生

在现实中，很难进行线上转型，因此这些行业要与金融服务相结合，就要将物联网技术如人脸识别、传感器等充分利用起来，在不知不觉中将消费场景与金融服务联系起来。

（二）利用金融科技，推动消费信贷供应链能力的有效提升

我国消费金融还处于上升期，各家金融机构之间主要在服务、资金、渠道等方面展开竞争。有竞争优势的金融机构能够成功获得理想的市场份额，在金融市场中占据一席之地，发挥重要影响。在消费金融服务行业从发展期步入成熟期的关键阶段，金融机构要通过多种正规渠道而提升自己的竞争力，突出自己的竞争优势，尤其是“技术优势”。因此，金融机构应将各种金融科技技术（智能风控、自动化流程、智能运维等）充分利用起来，促进自身运维效能、管理能力及风险控制能力的提升，通过数字化转型促进自身信贷供应链能力的提升，从而降低消费金融服务的成本，提高服务效率，创造更多的收益。

（三）释放数据作用，为不同消费者提供符合需求的消费金融服务

首先，金融机构先根据消费人群的消费能力、消费偏好、消费习惯而对其进行精细的类型划分，提高营销的精准性和实效性。在精分过程中要参考大量的消费数据，从而根据居民的现实消费能力和水平而为其匹配相应的金融产品。此外，还要根据消费者的地域、年龄、学历、经济水平而对其划分类型，识别优质客户和潜在客户，评估他们的信用风险，为其提供精准的金融产品和服务。此外，金融机构还要多收集消费者的意见，分析反馈信息，为自身改进营销模式提供参考。在产品营销中，不能忽视农村地区、经济落后地区居民的需求，要根据他们的收入水平提供线上金融产品和服务，争取广大消费者对数字金融的认可。

此外，数字金融机构要不断开发新的金融产品，对现有产品进行创新，优化产品质量，提高服务水平。金融机构在设计消费金融产品时要适当改变思路，更新理念，紧跟时代潮流，从消费者的多元化、个性化需求出发设计私人订制产品，并加强金融产品与其他服务的结合，开发多元业务，完善营销模式，为数字金融消费者提供更全面、更优质的服务。

二、数字金融背景下消费金融的发展趋向

(一)科技驱动,助力金融转型

未来,“技术+生态”将成为消费金融健康发展的第一驱动力。从技术角度来看,市场参与主体能否利用新兴技术降低成本、增加客户、提升风控能力等,将直接影响其核心竞争力,也决定其能否经得住市场的考验。市场主体要多关注5G、VI、云计算、大数据等新兴技术对金融服务的驱动作用,利用科技,赋能金融,实现消费金融的全新转型,提高服务质量、效率和体验,利用科技力量真正实现数字普惠金融。

(二)双向互动,用户至上

金融机构继续对数字金融产品和服务进行在线推进,扩大推进面的同时深入推进,实现线下消费金融和线上消费金融的有机结合,使用户获得全方位的体验,也促进了交易和服务效率的提升。传统金融机构实现数字化转型后,面临与在线用户直接互动的问题,而如何与用户保持良好的互动,并稳定这一关系,是金融机构要重点考虑的问题。转型后的金融机构能否在数字金融市场获得一席之地,与其是否能处理好与用户的互动问题有直接的关系。所以,对数字金融机构来说,这无疑是一个巨大的“生死考验”。

当前,初步实行在线转型的金融机构在意识上还未完全转化过来,他们依旧关注“客户”的增长,而不是“用户”的积累和增长,而且很多银行都缺乏与客户的良好沟通和互动,以至于他们无法准确把握客户的真实需求,不清楚客户的真实感受,影响了新产品的开发和服务质量的进一步提升。传统金融机构要从根本上实现转型与创新,在市场竞争中提升自己的优势,就应该秉持着“用户至上”的宗旨,与用户加强互动与沟通,切实掌握用户的需求,及时推陈出新,满足用户需求。

(三)网络协同,实现共赢

在商业银行智能化转型与发展的过程中逐渐形成了网络协同的特

征,这是经济高质量发展时期对金融业的新要求。数字消费金融网络结构的建立是在消费金融参与主体的努力下完成的,而这又与互联网的大背景息息相关。在互联网时代背景下,数字金融机构创建了自组织形式,呈现出广泛、自由、协同、多元等特征。为了更好地满足消费者的个性化需求和不断增长的高需求,金融机构开启了跨界融合发展模式,秉持着“协同、共赢”的原则将线下金融和线上金融有机衔接起来,不断提升自己的业务水平和服务之路,加强对消费金融生态“联盟”的打造,契合了经济高质量发展的理念。[①]

① 王凯鸽.创新驱动,科技赋能美好生活——亿联银行数字化消费金融的行业实践[J].中国信用卡,2019(07):13-19.

参考文献

[1] 兰建平 . 跨越区域经济高质量发展 [M]. 杭州：浙江大学出版社，2020.

[2] 姚博 . 数字金融产业创新发展、传导效应与风险监管研究 [M]. 北京：经济管理出版社，2019.

[3] 保劳格·阿尔琼瓦德卡尔 . 金融科技：技术驱动金融服务业变革 [M]. 李庆，王垚译 . 北京：机械工业出版社，2019.

[4] 徐远，陈靖 . 数字金融的底层逻辑 [M]. 北京：中国人民大学出版社，2019.

[5] 赵志宏 . 敏捷银行 金融供给侧蝶变 [M]. 北京：中国金融出版社，2019.

[6] 京东数字科技研究院 . 数字金融 [M]. 北京：中信出版社，2019.

[7] 温信祥 . 新金融趋势 [M]. 北京：中国金融出版社，2018.

[8] 余丰慧 . 金融科技 大数据、区块链和人工智能的应用与未来 [M]. 杭州：浙江大学出版社，2018.

[9] 广东省社会科学院 . 跨越关口 在构建推动经济高质量发展的体制机制上走在全国前列 [M]. 广州：广东人民出版社，2018.

[10] 谢绚丽 . 中华唤醒经典诵读丛书 科技赋能 中国数字金融的商业实践 [M]. 北京：中国人民大学出版社，2018.

[11] 北京大学数字金融研究中心课题组 . 中华唤醒经典诵读丛书 数字金融的力量为实体经济赋能 [M]. 北京：中国人民大学出版社，2018.

[12] 商务部国际贸易经济合作研究院 . 消费发展升级之路：40 年改革开放大潮下的中国消费 [M]. 北京：中国商务出版社，2018.

[13] 何开宇 . 数字化时代的全球个人金融创新 [M]. 北京：中国金融

出版社,2018.

[14] 黄明,胡舒予. 产业结构调整与金融支持研究 [M]. 成都：四川大学出版社,2017.

[15] 纪海,蔡余杰. 互联网 + 大金融 新常态下的互联网金融革命 [M]. 北京：当代世界出版社,2016.

[16] 黄燕君,严谷军等. 浙江民营企业转型发展中的金融支撑 [M]. 杭州：浙江大学出版社,2012.

[17] 王景武,王爱俭. 金融创新与产业结构调整 内蒙古产融结合新思路 [M]. 北京：中国金融出版社,2011.

[18] 徐兆丰. 新发展格局背景下我国消费升级的数字金融驱动效应 [J]. 商业经济研究,2021（03）：168–171.

[19] 李婧. 我国数字金融发展与城乡消费结构的协同关系研究 [J]. 商业经济研究,2021（07）：171–175.

[20] 颜建军,冯君怡. 数字普惠金融对居民消费升级的影响研究 [J]. 消费经济,2021,37（02）：79–88.

[21] 杨伟明,粟麟,孙瑞立,袁伟鹏. 数字金融是否促进了消费升级？——基于面板数据的证据 [J]. 国际金融研究,2021（04）：13–22.

[22] 俞勇,郑鸿. 引导金融科技创新规范发展 [J]. 中国金融,2021（04）：37–39.

[23] 何宏庆. 区块链驱动数字金融高质量发展：优势、困境与进路 [J]. 兰州学刊,2021（01）：25–35.

[24] 狄刚. 区块链在数字金融技术体系中的发展与挑战 [J]. 信息安全与通信保密,2021（01）：14–20.

[25] 陈忠阳. 金融科技发展的本质与方向 [J]. 中国金融,2021(04)：32–34.

[26] 孟先彤,周蓉蓉. 技术创新背景下我国金融科技 2.0 发展路径 [J]. 企业经济,2021,40（01）：144–150.

[27] 杨耀武,张平. 中国经济高质量发展的逻辑、测度与治理 [J]. 经济研究,2021,56（01）：26–42.

[28] 丁守海,徐政. 双循环格局下经济高质量发展路径探索 [J]. 宁夏社会科学,2021（01）：5–11.

[29] 钱学锋. 双循环新发展格局与中国经济高质量发展专题 [J]. 长

安大学学报(社会科学版),2021,23(01):56.

[30]李倩.中国经济高质量发展的逻辑进路[J].天水行政学院学报,2021,22(01):92-95.

[31]王东京.推动经济高质量发展的关键举措[J].财经界,2021(04):23-26.

[32]来有为,曹晶,朱维莹,高园媛.基于国际比较的我国金融科技发展趋势分析[J].发展研究,2021(01):29-34.

[33]刘利.数字普惠金融对区域经济高质量发展的促进作用分析[J].今日财富(中国知识产权),2021(05):49-50.

[34]欧阳日辉.我国数字金融创新发展的挑战与应对[J].科技与金融,2021(03):39-44.

[35]徐兆丰.新发展格局背景下我国消费升级的数字金融驱动效应[J].商业经济研究,2021(03):168-171.

[36]易贰,马静,陈曦.数字金融支持、电商嵌入与居民消费升级关系探讨[J].商业经济研究,2021(04):94-97.

[37]聂秀华,吴青.数字金融对中小企业技术创新的驱动效应研究[J].华东经济管理,2021,35(03):42-53.

[38]黄凯南,郝祥如.数字金融是否促进了居民消费升级?[J].山东社会科学,2021(01):117-125.

[39]李林汉,田卫民.数字金融发展、产业结构转型与地区经济增长——基于空间杜宾模型的实证分析[J].金融理论与实践,2021(02):8-16.

[40]强国令,王一婕.放松利率管制、企业升级与经济高质量发展[J].会计之友,2021(11):23-30.

[41]杜丽霞,庞绍楠,郑杰.中国金融科技的发展及趋势分析[J].全国流通经济,2021(06):132-134.

[42]杨静,孙璐.金融科技现状与发展趋势[J].经济师,2021(02):214+216.

[43]黄琨.金融科技三大趋势与银行数字化转型[J].现代金融导刊,2021(02):18-22.

[44]王雁飞.金融科技如何为普惠金融全面赋能?[J].科技与金融,2021(04):74-80.

[45] 张明 . 金融科技赋能 构建有温度的数字金融新生态 [J]. 中国信用卡，2021（01）：30–33.

[46] 中国人民银行长沙中心支行课题组 . 金融科技发展研究与监管建议——基于金融监管者视角 [J]. 金融经济，2021（04）：53–59.

[47] 邹帮山 . 金融科技多维赋能 驱动区域银行数字化转型 [J]. 中国金融电脑，2021（02）：12–17.

[48] 蔡瑜茜 . 金融科技创新应用的模式与困境 [J]. 网络安全技术与应用，2021（01）：116–117.

[49] 欧阳岚 . 金融科技创新的机遇与挑战 [J]. 经济研究导刊，2021（06）：53–55.

[50] 杨望 . 从“十四五”规划展望金融科技变中求进 [J]. 国际金融，2021（02）：11–18.

[51] 曾晓岑 .“双创”背景下金融科技服务创新研究 [J]. 合作经济与科技，2021（06）：68–69.

[51] 李小庆 .5G 智能时代对金融科技发展路径的思考 [J]. 金融科技时代，2021，29（04）：14–18.

[53] 王庆德 . 从“数字广西”看我国西部地区数字经济高质量发展 [J]. 中国物价，2021（05）：27–29.

[54] 苏宇妍 . 多措并举加快推进经济高质量发展 [J]. 新长征，2021（03）：30–31.

[55] 徐坤，刘明 . 经济高质量发展：基于中国问题研究的文献综述 [J]. 兰州财经大学学报，2021，37（01）：32–45.

[56] 苗勃然，周文 . 经济高质量发展：理论内涵与实践路径 [J]. 改革与战略，2021，37（01）：53–60.

[57] 张旭东，安蓓，韩洁 . 逆风破浪开新局——以习近平同志为核心的党中央引领 2020 年中国经济高质量发展评述 [J]. 中国产经，2021（02）：23–34.

[58] 李太平，顾宇南 . 战略性新兴产业集聚、产业结构升级与区域经济高质量发展——基于长江经济带的实证分析 [J]. 河南师范大学学报(哲学社会科学版)，2021，48（01）：78–87.

[59] 任保平，豆渊博 .“十四五”时期构建新发展格局推动经济高质量发展的路径与政策 [J]. 人文杂志，2021（01）：1–8.

[60] 丁守海，徐政，张普阳 . 新发展格局下我国经济高质量发展提升人民幸福感的实证研究 [J]. 云南师范大学学报（哲学社会科学版），2021，53（02）：133–146.

[61] 陈佳 . 构建新发展格局 赋能经济高质量发展 [J]. 中国经贸导刊（中），2021（05）：4–7.

[62] 王维平，牛新星 . 试论"双循环"新发展格局与经济高质量发展的良性互动 [J]. 经济学家，2021（06）：5–12.

[63] 汪淑娟，谷慎 . 科技金融对中国经济高质量发展的影响研究——理论分析与实证检验 [J]. 经济学家，2021（02）：81–91.

[64] 葛和平，吴福象 . 数字经济赋能经济高质量发展：理论机制与经验证据 [J]. 南京社会科学，2021（01）：24–33.

[65] 祝合良，王春娟 . 数字经济引领产业高质量发展：理论、机理与路径 [J]. 财经理论与实践，2020，41（05）：2–10.

[66] 盛磊 . 数字经济引领产业高质量发展：动力机制、内在逻辑与实施路径 [J]. 价格理论与实践，2020（02）：13–17+34.

[67] 汤旖璆 . 数字经济赋能城市高质量发展——基于智慧城市建设的准自然实验分析 [J]. 价格理论与实践，2020（09）：156–159+180.

[68] 薛莹，胡坚 . 金融科技助推经济高质量发展：理论逻辑、实践基础与路径选择 [J]. 改革，2020（03）：53–62.

[69] 周志强，李舜 . 新时代推动中国经济高质量发展的路径思考 [J]. 人民论坛，2020（16）：74–75.

[70] 钞小静，薛志欣 . 以新经济推动中国经济高质量发展的机制与路径 [J]. 西北大学学报（哲学社会科学版），2020，50（01）：49–56.

[71] 任保平 . 后疫情时代中国经济高质量恢复性发展的战略重点与路径 [J]. 学习与探索，2020（09）：100–104+2.

[72] 杨枝煌 . 疫情后中国经济高质量发展路径 [J]. 中国外资，2020（07）：32–35.

[73] 林祈倡 . 浅谈我国新经济高质量发展的困境及其路径选择 [J]. 经济研究导刊，2020（11）：7–8.

[74] 李艺敏，林淼 . 实现我国经济高质量发展的路径选择 [J]. 中国经贸导刊（中），2020（03）：145–146.

[75] 任保平，何苗 . 我国新经济高质量发展的困境及其路径选择 [J].

西北大学学报(哲学社会科学版),2020,50(01):40-48.

[76] 秦放鸣,唐娟.经济高质量发展:理论阐释及实现路径 [J]. 西北大学学报(哲学社会科学版),2020,50(03):138-143.

[77] 张侠,高文武.经济高质量发展的测评与差异性分析 [J]. 经济问题探索,2020(04):1-12.

[78] 韩江波.经济高质量发展的路径设计与政策研究 [J]. 合作经济与科技,2020(02):30-31.

[79] 许光建.经济高质量发展的重要支撑与引擎动力 [J]. 人民论坛,2020(02):97-99.

[80] 史丹,李鹏,许明.产业结构转型升级与经济高质量发展 [J]. 福建论坛(人文社会科学版),2020(09):108-118.

[81] 陆岷峰.金融 + 数字经济:融合与"蝶变"[J]. 金融博览(财富),2020(05):45-48.

[82] 朱宝林.数字金融助力消费增长的实证研究 [J]. 上海管理科学,2020,42(06):19-26.

[83] 陈丽佳.区块链技术发展下数字金融面临的机遇与挑战 [J]. 河北企业,2020(04):117-118.

[84] 杨兵兵.金融科技与数字金融风险管理 [J]. 银行家,2020(11):37.

[85] 何宗樾,宋旭光.数字金融发展如何影响居民消费 [J]. 财贸经济,2020,41(08):65-79.

[86] 包颉娜.互联网金融背景下的征信行业发展探析 [J]. 时代金融,2020(15):13+39.

[87] 孙天琦.对数字金融 / 金融科技与金融稳定关系的几点思考 [J]. 清华金融评论,2020(12):91-96.

[88] 吕仲涛.金融科技赋能小微企业数字化转型发展 [J]. 金融电子化,2020(06):7-9.

[89] 陆岷峰.数字金融助推企业数字化转型路径研究 [J]. 北华大学学报(社会科学版),2020,21(04):68-74+152.

[90] 张山珊.数字金融发展对农村居民消费结构的影响——基于 GMM 模型的实证研究 [J]. 质量与市场,2020(05):36-38.

[91] 朱太辉,张彧通.消费金融数字化加速国内大循环 [J]. 金融世

界，2020（11）：71–73.

[92] 郭华，张洋，彭艳玲，何忠伟 . 数字金融发展影响农村居民消费的地区差异研究 [J]. 农业技术经济，2020（12）：66–80.

[93] 陆岷峰 . 数字金融助推企业数字化转型路径研究 [J]. 北华大学学报（社会科学版），2020，21（04）：68–74+152.

[94] 姚正海 . 经济高质量发展研究现状述评 [J]. 科技与管理，2020，22（03）：81–87.

[95] 王伟 . 中国经济高质量发展的测度与评估 [J]. 华东经济管理，2020，34（06）：1–9.

[96] 马立政，李正图 . 中国经济高质量发展路径演进研究 [J]. 学习与探索，2020（06）：100–107.

[97] 陈景华，陈姚，陈敏敏 . 中国经济高质量发展水平、区域差异及分布动态演进 [J]. 数量经济技术经济研究，2020，37（12）：108–126.

[98] 郑耀群，葛星 . 中国经济高质量发展水平的测度及其空间非均衡分析 [J]. 统计与决策，2020，36（24）：84–88.

[99] 孙豪，桂河清，杨冬 . 中国省域经济高质量发展的测度与评价 [J]. 浙江社会科学，2020（08）：4–14+155.

[100] 师博，韩雪莹 . 中国实体经济高质量发展测度与行业比较：2004—2017[J]. 西北大学学报（哲学社会科学版），2020，50（01）：57–64.

[101] 高志刚，克甝 . 中国沿边省区经济高质量发展水平比较研究 [J]. 经济纵横，2020（02）：23–35+2.

[102] 渠慎宁 . 区块链助推实体经济高质量发展：模式、载体与路径 [J]. 改革，2020（01）：39–47.

[103] 汪亚楠，叶欣，许林 . 数字金融能提振实体经济吗 [J]. 财经科学，2020（03）：1–13.

[104] 宇超逸，王雪标，孙光林 . 数字金融与中国经济增长质量：内在机制与经验证据 [J]. 经济问题探索，2020（07）：1–14.

[105] 林宏伟，邵培基 . 区块链对数字经济高质量发展的影响因素研究 [J]. 贵州社会科学，2019（12）：112–121.

[106] 黄小彪 . 广东推动经济高质量发展的现状、问题与对策研究 [J]. 中国发展，2019，19（01）：60–68.

[107] 王凯鸽 . 创新驱动，科技赋能美好生活——亿联银行数字化消费金融的行业实践 [J]. 中国信用卡，2019（07）：13-19.

[108] 苏永伟，陈池波 . 经济高质量发展评价指标体系构建与实证 [J]. 统计与决策，2019，35（24）：38-41.

[109] 董云飞，李倩，张璞 . 我国普惠金融发展对农村居民消费升级的影响分析 [J]. 商业经济研究，2019（20）：135-139.

[110] 李建军，韩珣 . 普惠金融、收入分配和贫困减缓——推进效率和公平的政策框架选择 [J]. 金融研究，2019（03）：129-148.

[111] 尹志超，彭嫦燕，里昂安吉拉 . 中国家庭普惠金融的发展及影响 [J]. 管理世界，2019，35（02）：74-87.

[112] 黄静，高雪 ."互联网 +"科技金融服务业发展模式分析 [J]. 合作经济与科技，2019（03）：62-63.

[113] 卫中旗 . 我国经济高质量发展的背景、特征、动力与实现途径 [J]. 当代经济，2019（06）：22-27.

[114] 何宏庆 . 数字金融：经济高质量发展的重要驱动 [J]. 西安财经学院学报，2019，32（02）：45-51.

[115] 傅秋子，黄益平 . 数字金融对农村金融需求的异质性影响——来自中国家庭金融调查与北京大学数字普惠金融指数的证据 [J]. 金融研究，2018（11）：68-84.

[116] 张栋浩，尹志超 . 金融普惠、风险应对与农村家庭贫困脆弱性 [J]. 中国农村经济，2018（04）：54-73.

[117] 本刊评论员 . 以消费升级促进中国经济高质量发展 [J]. 企业经济，2018，37（10）：1.

[118] 杜爱国 . 中国经济高质量发展的制度逻辑与前景展望 [J]. 学习与实践，2018（07）：5-13.

[119] 杨少浪 . 积极推动广东经济向高质量发展转变 [J]. 广东经济，2018（06）：47-49.

[120] 余泳泽，胡山 . 中国经济高质量发展的现实困境与基本路径：文献综述 [J]. 宏观质量研究，2018，6（04）：1-17.

[121] 易行健，周利 . 数字普惠金融发展是否显著影响了居民消费——来自中国家庭的微观证据 [J]. 金融研究，2018（11）：47-67.

[122] 刘国刚 . 互联网金融背景下我国个人征信行业发展实践及展

望 [J]. 金融理论探索，2018（02）：62–70.

[123] 崔海燕 . 数字普惠金融对我国农村居民消费的影响研究 [J]. 经济研究参考，2017（64）：54–60.

[124] 李燕桥，臧旭恒 . 消费信贷影响我国城镇居民消费行为的作用渠道及检验——基于 2004—2009 年省际面板数据的经验分析 [J]. 经济学动态，2013（01）：20–31.

[125] 廖春萍 . 中国金融服务业创新研究 [J]. 现代商贸工业，2013，25（01）：103–104.

[126] 左文君 . 数字金融助力产业结构升级的经验研究 [D]. 武汉：华中师范大学，2020.

[127] 张宁 . 数字经济下的税收征管路径优化研究 [D]. 济南：山东大学，2020.

[128] 孙德尔 . 内蒙古数字经济发展研究 [D]. 呼和浩特：内蒙古民族大学，2020.

[129] 刘世鹏 . 数字普惠金融发展对我国居民消费支出的影响研究 [D]. 武汉：华中师范大学，2019.

[130] 薛世豪 . 供应链金融助力企业转型升级 [D]. 南昌：江西师范大学，2019.

[131] 王馨桐 . 数字金融缓解我国中小企业融资约束研究 [D]. 哈尔滨：哈尔滨商业大学，2019.

[132] 阎晓东 . 沿海地区产业结构升级研究 [D]. 福州：福建师范大学，2005.

[133] 叶大清 . 数字金融驱动中国经济高质量发展 [N]. 金融时报，2018–05–26（004）.

[134] 黎峰 . 新发展格局带动开放型经济高质量发展 [N]. 中国社会科学报，2021–07–21（003）.